Der Bombenkrieg 1939—1945

轰炸纳粹德国

[德] 罗尔夫-迪特·米勒（Rolf-Dieter Müller）
弗洛里安·胡伯（Florian Huber） 著
约翰尼斯·埃格劳（Johannes Eglau）

何宁 经轶 译

航空工业出版社

北京

内 容 提 要

第二次世界大战可谓世界历史上最血腥的战争——是暴力和毁灭的疯狂，这种疯狂源自于德国，又通过轰炸回到了德国。毫无疑问，纳粹的暴行导致了历史上第一次全面战争的升级。盟军的轰炸与此只不过有间接的关联：对于他们而言，要阻止大屠杀的凶手以及他们的战争机器，轰炸无疑是一种合适的方法。本书运用了专业的历史研究文献，并且通过图像和画面来展现其残酷性，使读者有机会对纳粹德国轰炸的记忆和历史研究的结论结合起来。

图书在版编目（CIP）数据

轰炸纳粹德国 /（德）罗尔夫 - 迪特・米勒（Rolf-Dieter Müller），（德）弗洛里安・胡伯（Florian Huber），（德）约翰尼斯・埃格劳（Johannes Eglau）著；何宁，经轶译. -- 北京：航空工业出版社，2019.10

书名原文：Der Bombenkrieg 1939-1945

ISBN 978-7-5165-1690-4

Ⅰ. ①轰… Ⅱ. ①罗… ②弗… ③约… ④何… ⑤经… Ⅲ. ①第二次世界大战—战争史—研究 Ⅳ. ① K152

中国版本图书馆 CIP 数据核字（2019）第 131195 号

轰炸纳粹德国

Hongzha Nacui Deguo

航空工业出版社出版发行

（北京市朝阳区北苑 2 号院 100012）

发行部电话：010-84936597 010-84936574

北京文昌阁彩色印刷有限责任公司 全国各地新华书店经售

2019 年 10 月第 1 版 2019 年 10 月第 1 次印刷

开本：787 × 1092 1/16 字数：232 千字

印张：18 定价：68.00 元

（凡购买本社图书，如有印装质量问题，可与发行部联系调换）

目 录

反击

盟军的轰炸进攻（1941—1943）　/99

走向灭亡

几个孩子在一座被毁的德国村庄里观看第一波轰炸机群飞往莱茵河的空投区。在代号为“大学”的行动之前，约1800架美国轰炸机空袭了德国机场。

关于毁灭和记忆

为什么近年来公众开始再次回忆1939—1945年的大轰炸？有一种解释认为，这是因为几十年来这个历史事件和其他一些历史事件一起一直被视为禁忌，但这种解释并不令人信服，因为对此我们有数不胜数的文献资料、文学作品以及科学研究。比起媒体忽冷忽热的关注更为重要的一个理由，或许在于不同年代的人们之间的对话所发生的改变。那些在今天还能够讲述在大轰炸期间经历的人们，当时是作为孩子、青少年或者是年轻士兵而经历第二次世界大战的。他们对于可怕轰炸中的夜晚的回忆带有强烈的感情色彩。但炸弹并不是无缘无故从空中突然坠落下来的，虽然对于那些见证者来说就是这样。实际上炸弹是被一个看不见的敌人投掷下来的，并且这个敌人在战后从胜利者变成了盟友和朋友；这一切的一切都有一个“序幕”。

如果当事人从大轰炸的原因和结果的角度出发，就能够更好地把自己的经历纳入到历史事件中，并将其传递下去，使之对后人具有更大的价值。对于孙子辈的人来说，这或许又是一种令人吃惊的认识，那就是，在第二次世界大战中同样有德国人成为牺牲品，而盟军的所作所为并不总是依据“骑士般”高贵风度的作战指挥规则。

这种相对视角绝不会改变战争的起因，以及战争罪责的归属问题。但这种视角能够使人认识到，德国并不是没有遭受到战争的破坏，德国人既是战争的发起者，同时又是战争的牺牲品。如果说以前德国人被视为战争罪人的观点占据了主导地位，那么现在德国人也越来越认识到自己同时是战争的牺牲品。在德国，很多大城市里现在仍然清晰可见的战争印迹告诉我们，为什么当时很多士兵在探亲休假后，以一种相对轻松的心态重返前线。今天，德国人作为战争牺牲品的视角应该使人充分认识到，大轰炸并不是一个独立的事件，而是涉及无数欧洲及亚洲人民共同命运的事件，这一事件并不是从1939年才开始，而到1945年也远没有结束。

第二次世界大战可谓世界历史上最血腥的战争——是暴力和毁灭的疯狂，这种疯狂源自于德国，又通过大轰炸回到了德国。毫无疑问，纳粹的暴行导致了历史上第一次全面战争的升级。盟军的轰炸与此只不过有间接的关联：对于他们而言，要阻止大屠杀的凶手以及他们的战争机器，轰炸无疑是一种合适的方法。

谈到大轰炸，人们势必会想到平民所遭受的苦难，尽管大多数的炸弹落在进行战斗的军队身上。在整个欧洲，平民无论是身陷战斗区域还是生活在敌我反复争夺的后方，都有可能不幸成为空战的牺牲品，例如，法国一些铁路职员和他们的家属就死在盟军的轰炸中，而他们原本是希望从盟军那里得到解放和自由的。

通常情况下，“大轰炸”这个概念仅仅是指战略性地使用轰炸机组对城市及工业设施进行轰炸，特别是指对平民的系统化的地毯式轰炸。在轰炸中死去的有狂热的纳粹分子、没主见的随大流者和反对派人士，也有纳粹的帮凶和集中营的囚犯，还有士兵和平民、战俘以及被强迫劳动的外国劳工，他们都死在大轰炸中，毫无分别。被炸死的总人数达635000人，其中有570000名德国平民——客观来看，这个数字是德国战争总共死亡数字的十分之一——与在流亡驱逐中死亡的人数持平。大多数人死在战争的最后两年，就是在戈培尔宣布进入“全面战争”之后，当时盟军的胜利已经是毋庸置疑了。

但德国空战的历史却不能局限在战争的最后阶段以及远程轰炸机进行的惊心动魄的大规模空袭上。德累斯顿地狱般的恐怖景象是一种军事理念的高潮，这种理念在第一次世界大战中就已经开始，并且时至今日仍在为达到自己的目标而努力，那就是：通过使用轰炸机来决定战争的胜负并避免伤亡巨大的地面战争。它是军事革命的历史，而要想理解它，人们就必须同时了解它的开端并将其放置在整个军事史的大背景中。

多种多样的回忆性文学以及无数对某个城市或地区的大轰炸的历史进行的片段性描述，经常会使人们的视野变得狭小，同时，这些文学作品和片断性描述又非常容易变成片面的政治性评价，并且会蒙上个人的感情色彩。专业的历史研究文献在大多数情况下很难拥有庞大的读者群。现在，即使在那些精心制作的电视系列节目里也只能让人看到概略的叙述，而主要是通过图像和画面来展现的内容，将在这本书里得到详尽的展现和解释；本书将使读者有机会把对大轰炸的记忆和历史研究的结论结合起来。

第一次世界大战结束后，德国陷入混乱状态，左翼和右翼政治派别街头冲突不断。当时，为了保卫德国东部边界而组建的右翼自由团，也卷入了与社会主义者和共产主义者的街头冲突。

进攻

德国的侵略（1939—1940）

01

军事历史的革命

当第一批飞行先驱驾驶着他们的冒险机器冲向天空时，他们给军事指挥所带来的这种革命性的突破，是自有组织的战争行为在大约5000年前出现以来，任何事件都不能够企及的。对第三维的占领带来了完全崭新的机会和可能性。甚至今天，有些军事专家仍然醉心于通过飞机和导弹来决定战争的胜负，并避开传统的“人对人”的战斗以及持久血腥的拉锯战。

在航空业的发展史上，飞行的梦想从一开始，并且也一直是航空业最重要的推动力。科学和技术使梦想变成了现实。勇敢的男性——时至今日，女性在这一领域仍很少——作为“试飞员”用自己的生命来冒险。商人们创建了崭新的工业领域，军事家们试验着空中飞行在民用之外对军事有何用途。空军的产生标志着一种新的兵种的诞生，并耗费了越来越多的军费支出。但在这之前，这一切却经历了一段很长的发展道路，大国最终获得了相似的解决办法和理念。

19世纪末，科技和工业的飞速发展使强国得以建立和维护空军。飞行方面或是技术的单方面的成就并不能保障胜利，作战能力不断得到提高的标准化战机的系列产品才是战争胜利的保障，才能够在空中作战和对抗对方的空中防御中占有优势。仅仅用了20年时间，轰炸机联队就能够在几分钟内歼灭敌人一个师，破坏对方的全部军事设施，将整座城市夷为平地。

对空中的威力潜能的这种想象虽然从一开始就有，但技术一组织上的实现却用了比人们的预期更长的时间。有的时候，它们甚至超出了人们的想象能力。经济上的障碍以及在所有军队中都广泛存在的保守主义同样需要克服。隐藏在保守主义之后的当然不止是无知愚昧和顽固狭隘的本位思想。空战的发展也尤其改变了传统上对战争的理解。

道德界限的突破在军队里的实现并没有比在民间领域的实现来得更快，并且它的发展既非直线发展也没有遭受异议。空战激进分子们不断受到制止或者是走入被证明为死胡同的道路。他们最大的支持来自于

1903年12月17日，飞行先驱奥维尔·莱特首次驾驶“小鹰”号飞行。

同时进行的关于全面战争的讨论。自美国内战以来，欧洲大国均不无忧虑地认识到，未来的战争将会升级为全面战争。所有的人都希望避免日益明显的战争的军事化和极端化；人们担心这对整个社会结构可能带来影响。因此，在世纪之交，俄国沙皇倡议召开了海牙会议，并制定了旨在阻止战争的规则条款。条款里并没有提到空战；但是仍然有许多政治家和军事家们为一种想法着迷，那就是，通过对所有作战力量的全面机动化而在战争中胜出。在这种期待和恐惧的矛盾情绪的支配下，世纪之交后不久，各国就开始了军备竞赛，并最终导致了第一次世界大战这场“空前的灾难”。

1903年12月17日，美国人奥维尔·莱特的首次驾机飞行很快吸引了更多的飞行先驱。但他们简陋而且容易损坏的飞机却很难让人联想到给人类带来恐惧的携着巨大的火舌冲向人群的巨龙。1911—1912年，在北

1909年一次皇家演习上的齐伯林飞艇，这是一种新式的“战争武器”。

早在1911年对土耳其的战争中，意大利人就在飞机上用手投掷炸弹，这种方法在第一次世界大战之初还是一种通行的作战方法。

非，20架意大利飞机在对土耳其的交战中首次参战，但这首次的参战却更显得十分有趣。虽然，飞行员成功地用手投下了几枚小型炸弹，但在军事上的影响却微乎其微。在飞机首次参战三年以前，英国作家赫伯特·乔治·威尔斯曾首次在书中对空战的可怕威力进行了想象，在他当时的想象里，由于敌人的飞艇对英国海军以及首都进行了无情的轰炸，英国被迫投降。在德国，和平主义者贝尔塔·冯·苏特纳对“天公的野蛮化”进行了诅咒。其他的同时代人则推测，空军的发展或许会导致目前存在的所有军种的解体。早在1900年，德国伯爵齐伯林（1838—1917）研制的飞艇就在博登湖畔起飞，并引起了德国及法国总参谋部的极大关注。德国人认识到了这种续航距离非常远的飞行器带来的机会；它能够帮助骑兵队进行远距离侦察，同时还可作为战略性武器使用。

总参谋长赫尔穆特·冯·毛奇对飞艇持怀疑态度，更愿意专注于飞机的研制以抑制法国在这一领域的优势。但在德国皇帝及军部的干预下，他只好在1912年说服自己相信，德国只需要对齐伯林飞艇进行完善，这样德国就拥有了一种在战争伊始就给敌人以“首次和有力打击”的战争工具。

对飞行的先驱者们来说，军方成了最重要的有购买兴趣者。当德国人将希望寄托于飞艇之上时，法国人却看到了飞机所具有的多种可能性。他们试验用飞机对飞艇进行攻击、投掷炸弹。而德国人是在战争即将开始的时候才开始尝试利用飞机进行作战。到1914年8月，除5艘飞艇之外，德国已拥有232架飞机可供使用。在同一时间，法国拥有165架飞机，英国则拥有63架，而俄国是263架。德国是在空军就数量而言处于劣势的情况下开始第一次世界大战的，在空战方面可谓是“对情况估计错误”——同样的情况在第二次世界大战以相似的方式得到了重复。

02

从空中骑士到战略性空袭

面临着投入作战的数以百万计的部队，没有人会真正期望这5艘德国飞艇能够给敌人带来“致命性的打击”。柏林的总参谋长相信德国部队能够快速胜利进军比利时和法国，他甚至在1914年夏末的时候还认为德国能够在地面战争中取得决定性的胜利。但当战争陷入阵地战，战争带来的损失达到超乎想象的程度以及战争经济被耽搁的机动化必须得到弥补时，德国开始寻找其他战胜敌人的战争工具，并在所有可以想到的领域进行试验。喜欢思索的人、工程师和科学家们的想法均得到了军方的关注。英国海军对德国进行了成功的封锁战，而这在很大程度上造成了后来德国“祖国防线”的崩溃。封锁战中，潜艇的使用功不可没。阵地战由于机关枪和大炮的出现而越来越惨烈。士兵们的战壕越挖越深。

为了能在前线有所突破，重新在运动战中一决胜负，德国总参谋部寄希望于著名的化学家弗里茨·哈伯。1915年4月，毒气的使用标志着现代大规模杀伤武器历史的开始。虽然人们也制造生物—细菌武器，但只是把它作为破坏性的工具小规模用于敌人后方。当时，军事上大规模的使用大面积致命武器还是超出作战双方决策者的想象力的。除对实践运用技术方面的各种考虑外，更多的是对伦理道德以及对平民的考虑。

在化学武器领域，法国人已经有了个别的经验。但在德军发动的伊普雷战役中，德国人大规模使用毒气取得了连他们自己也没有想到的巨大成功，但他们却未能把这次成功扩大为前线战事的突破。这种新的战争方式展现了现代工业化战争的可怕，它的野蛮程度远离了传统的骑士战争对战争的设想。由于当时的毒气是用炸弹或是钢瓶释放的，所以当时殃及的只是邻近的阵地。但没用多长时间，为空战制造武器的想法就已经成熟，这种武器确实带来了军事历史上的革命。

1915年初，德军总参谋部竭尽全力，要将空军最终发展成为有战斗力的兵种。在战争刚开始的几周里，临时拼凑的空军部队损失惨重。他们主要用于侦察和指挥射击，取得的战果有限。通过大胆的改革，最高统帅部获得了转折。几乎是没有限制的资金投入鼓励着企业快速生产系列飞机。同时，飞机的性能也得到了高速的提高和改善。一直到现在，空战再也没有获得过它在起步阶段所获得的那种飞速发展。

在第一次世界大战中，德国和奥匈帝国等中欧诸国把它们的飞机年生产量从1418架（1914年）提高到21360架（1917年），共计拥有53222架飞机。而对方在1914年的飞机拥有量为1321架，还可谓持平，但1918年对方的拥有量就高达75161架。协约国可用于战斗的飞机数量几乎是德国的3倍（138685架）。在研究新的战斗方式和新的技术方面，德国人和法国人并驾齐驱。空军部队主要在战斗区域支持地面部队的战斗，并且采用了崭新的战术。不久之后，以有“红男爵”之称的战斗机飞行员曼弗雷德·冯·里希特霍芬为代表的空中的骑士豪侠也掌控不了局面。战争的工业化和非个人化并没有把空战作为例外，空战逐渐变成了空中的阵地战。

在战争开始时尚不明朗的对可能发生的轰炸战的设想很快变得具体

1914年12月13日，法国空袭弗赖堡（素描画）。

起来。1914年11月，法国组建了一支专门的轰炸机部队。在法国对弗赖堡、路得维希港和卡尔斯鲁厄的袭击后，英国也对科隆和杜塞尔多夫的个别军事目标发动了进攻。于是，最高统帅部有时也利用在奥斯坦德建立的专门的空军部队对法国的港口城市进行袭击，甚至袭击了多佛。但由于飞机航程短，而且承载能力差，所以它们的效果非常有限。

英国空军联队的领导者休·特伦查德。

1915年，英国空军联队的领导者，休·特伦查德创制了针对敌人后方进行系统化轰炸的初步计划。轰炸目标是敌人连接前线及前线附近重要军事设施的交通线。法国及英国飞机对洛林—卢森堡的工业区进行了系统的大轰炸，第一次世界大战中英法投下的炸弹的一多半被投在了这一地区。另外一个重点地区就是摩泽尔和萨尔河地区的工业区。慕尼黑、汉堡和埃森这样的大城市只不过遭到了零星的进攻。

德国轰炸机的研究停滞不前；人们仍然对齐伯林飞艇执行轰炸任务寄予过高的期望。人们天真地认为，20艘定向飞艇在一次的进攻中就能让巴黎或是伦敦燃起根本无法扑灭的熊熊大火。火海战术的想法产生了，但具体的实践却远不如人们的想象。1915年5月31日，伦敦第一次遭到齐伯林飞艇的袭击。截至年底，德国人共向英国投掷了35吨炸弹，造成208人死亡。在由于天气原因而进行了一个冬季的暂停后，1916年轰炸再次升级。齐伯林飞艇共进行了123次轰炸，投下了120吨炸弹，造成193名英国人死亡。但德国人为此也付出了高昂的代价。英国的空中防御配备有战斗机飞行中队、高射炮、灯光和气囊封锁以及观察哨，这一切给齐伯林飞艇带来了巨大的损失，所以柏林方面决定停止这种旨在打击对方人民士气的远程空战。而对于打击对方士气，军方是非常在意的，因为英国的饥饿封锁在德国的效果日益明显，在凡尔登和索姆的血战也没有打破僵局。所以，德国希望利用无限制潜艇战对英国实行反封锁来饿死英国。在这种情况下，德国希望通过进一步的轰炸瓦解英国人的士气。这一次，德国人寄予厚望的不再是齐伯林飞艇，而是哥达G–IV型轰炸机。这种轰炸机的载弹量虽然不如飞艇，但拥有有力的防御武器和更优良的飞行性能。同时，由于它们的目标小，可以在白天进行更加有效的进攻。

对伦敦的轰炸，德国准备了几个月之久。1917年6月13日，第一次世界大战中最大规模的轰炸开始了。17架轰炸机对泰晤士河边的这座城市里的军事目标进行了轰炸，造成162人死亡。几个城区陷入恐慌。尽管轰炸带来的损失相对不算很大，但英国人还是惶恐不安，并且要求军方除了要加强防空，还要对德国进行报复性反击。而英军为保护首都，空军不得不从前线撤回。在7月7日对伦敦进行了再次轰炸，并造成了更小的伤亡后，哥达轰炸机还把炸弹投向了英国东南部，但对英国东南部的轰炸却很快停止，因为德国自己的损失也是难以承受的。

以下来自于一位从英国的拘留营回国的德国商人在1917年12月2日写给海军参谋部的报告：

空袭所带来的物质上的损失并没有它在打击士气方面取得的效果那么明显，轰炸机尤其能够打击对方士气。你们了解不到伦敦人的神经质。一旦出现空袭即将来临的谣言，所有的防空洞就马上变得拥挤不堪，以至于交通停滞。交通——这是战果的非常重要的一个方面——完全瘫痪了。夜间空袭的效果尤其明显，简直难以描述。歇斯底里的妇女乱喊乱叫。在最近实施的连续轰炸后，伦敦的状况简直是完全疯狂。我

1917年，德国利用哥达式飞机（这是一架G-Ⅲ型飞机）从空中打击法国和英国东南部，这是军事史上的革命。

很遗憾，空袭那时停止了，我确信，如果空袭继续下去，英国政府就会被摧垮了。

在战争的最后一年，在对巴黎和伦敦进行的夜间空袭中，德国有时也尝试使用新的大型飞机。为了逃脱截击机，人们使用了相对飞得更高和更快的飞机。对巴黎进行轰炸时，在共计483架轰炸机进行的28次系列轰炸中，只有37架能够突破猛烈的防空射击。237名法国人死于轰炸。而同时，在协约国的2778架飞机对德国后方进行的657次轰炸中，死亡的德国人为381人。利用技术上占优势的夜间轰炸机，英国轰炸了德国的潜艇基地、车站和工业设施。

空战在1918年达到高潮。协约国进行着彻底的空中手术，并不断扩大作战区域。与英国东南部的空中防御正相反，德国空军则不得不保护从叙尔特岛到勒尔拉赫的一个比英国大得多的领域，这不管从人力上还是从技术上，都是德国人无法承受的。在轰炸中，英国共计死亡1414人，伤3416人；德国共计死亡729人，伤1754人。第一次世界大战中，因空中轰炸法国、英国和德国遭受的全部经济损失只不过是打一天仗所耗费的军用支出的一小部分，第二次世界大战的情况则全然不同。

参战各方都把其仅仅视为开始，都计划着1919年停火前把自己的行动进一步升级。在对伦敦进行的最后一次大规模夜间空袭中，德国人本来要使用自己新研制的燃烧弹，但德国皇帝却在最后关头下令不要使用燃烧弹。在柏林，人们计划用齐伯林飞艇进攻纽约；在巴黎和伦敦，人们计划对柏林发动空中毒气战，以求用毁灭性的进攻最终击溃德国的反抗。德国的崩溃比人们的预期来得更快。饥饿封锁的效果要远远大于轰炸，因为德国大部分地区并没有遭到轰炸。

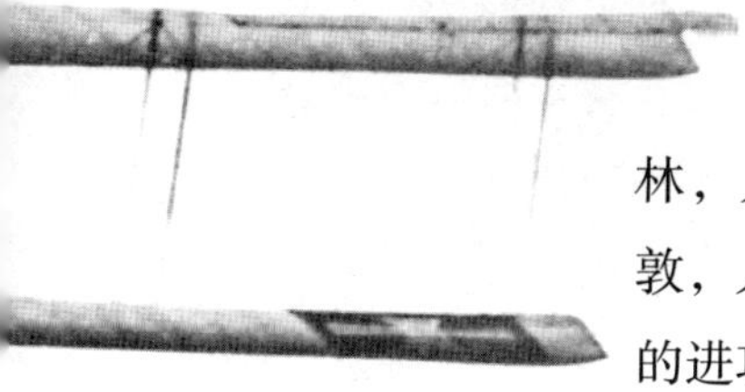

随着第一次世界大战的结束，依据《凡尔赛条约》，德国失去了空军。15000架飞机要么被销毁，要么被移交给协约国。尽管战争的结局不

曼弗雷德·冯·里希特霍芬（左）在一次成功完成任务后。第一次世界大战中，他作为战斗机飞行员，多次圆满完成作战任务。

1925年，上尉乌尔里希·格洛尔特（该图是1939—1940年任空军指挥官的格洛尔特）在摩洛哥试验毒气空战。

同，但不管是在柏林还是在其他大国的首都，人们都认识到，在未来的战争中，飞机将起到更加重要的作用——同样重要的还有化学武器。

问题是，未来在制造大型飞机时，哪些性能上的提高是可能的？要想向敌人后方运送更多的炸弹，飞机的航程和载弹量又能够得到多大程度的提高？飞机必须能够飞多高、多快，才能够更好地避开对方的高射炮和截击机？轰炸机要配备什么样的武器装备，才能像飞行的堡垒一样克服对方所有的防御系统？要如何组织和指挥飞行编队，使很多飞机到达目标地区？在条件不利的情况下，飞行联队怎样经过长距离飞行最终发现目标？

以上只是未被解决的很多问题和疑问的一部分。为了航空事业的进步，人们必须超越战争期间临时拼凑空军的阶段，为空中力量的发展建立一个崭新的基础。飞机制造业被迫寻找新的顾客，因而大张旗鼓地宣传民用航空。这使客机的制造成为可能，并且客机的航程、大小及承载量不断提高。发动机数量的增多也使人们制造出了最终能够飞越大西洋的大型飞机。连接世界各地的航线出现了，这也为未来的空战开辟了新的领域。第一次世界大战中的飞行英雄成了勇敢而富有冒险精神的飞行先锋。另外有些人则过着流浪的生活，为教堂落成仪式进行飞行特技表演或者是组织飞机展览。

航空的日渐流行是建立在20年代无数引起巨大轰动的航空业的成就，以及改变未来的创新的基础之上的。特别是大型飞机促进了人们对未来的乐观主义并且成为航空业联系各国人民这一功能的象征。乘坐飞机升上天空不再只是冒险家以及有钱人的特权。苏联对航空业的宣传尤其卖力，为的只是给这个欠发达的大国的民众传达一种进步和年轻的幻象。苏联共产主义青年团承担起“红色飞行大队”的责任。准军事组织“苏维埃国防、航空和化学促进会”（Ossoawiachim）对年轻人进行飞行方面的培训。

这种听起来有些奇怪的称谓明显暗示着飞机在军事上的用途，而军事用途恰恰是人们进行航空和国家宣传的期望——即使像电影和电台这样的新媒体，甚至是艺术和文学都把人类誉为“天空的主宰者”，并且强调航空连接世界、跨越人类精神界限的力量。“苏维埃国防、航空和化学促进会”这个名称里，航空和化学的组合说明苏联和其他的国家一样，都在这两个领域看到了革命性的战争武器的未来。

苏联的这种看法得到了德国军方的大力支持。他们的秘密合作可谓是20世纪最令人吃惊的事件。在苏维埃的土地上，德国军官可以不受任何阻碍地实验最新式的武器和作战方案，并建造兵工厂以进行他们的“解放战争”，战争的对象当然是第一次世界大战的胜利国法国及波兰。如果要让欧洲再次燃起战火，并重新划分势力范围，苏联人的目标肯定不同于德国军方，而在魏玛共和国，德国军方在政治上却并不如鱼得水。

为了驱走魔鬼别西卜，人们又同撒旦达成了盟约。德国在利佩茨克（Lipezk）成立了一个德国飞行中心，德国军方在那里训练飞行员，这些飞行员在受到空袭的紧急情况下，能够驾驶民用飞机进行反击。在莫斯科附近的费里（Fili），飞行先驱之一的胡戈·容克斯用“黑钱”建造了一个生产车间，用来生产那种在和平时期能够进行跨洲飞行，在战争情况下能够组成轰炸联队的大型飞机，而按照战胜国的意思，德国是不可以拥有轰炸机的。

这些飞机是为投掷毒气弹而构想的，而毒气的灾难般的效果正是军方长久以来所梦想的。德国人已经具备了相应的经验。1925年夏天，两位德国军官秘密来到西班牙，参加在摩洛哥进行的毒气进攻。在西班牙的被保护国摩洛哥，里夫地区的卡拜尔人在阿卜杜拉·埃勒·克里姆的领导下进行反抗，并宣布建立“自由共和国”。在经年累月的战斗中，他们给西班牙人带来了重创。面对政治上日益强大的伊斯兰教，欧洲的殖民势力有被迫撤出的危险。西班牙人大肆建造掩体工事，想把反抗者困死在被包围的阵地里。为了加快扼杀反抗的步伐，西班牙人轰炸了当地的村庄、集市以及山中的一些隐藏点。而投掷毒气弹，将会使效果得到大大的改观。德国化学家胡戈·斯托尔策贝格在梅利拉（Melilla）建立了化学武器工厂，为西班牙人提供武器。这两位德国军官虽然了解这种战术的效果，因为这种战术在某种程度上可谓是重复甚至是改进了在第一次世界大战中已经尝试过的战略轰炸战术，但这种大多由小型飞机执行的投掷少量毒气弹的方法却没能使他们信服。

以下来自于关于1925年镇压西班牙所属摩洛哥起义的报告：

大批西班牙飞行员驻扎在摩洛哥。除了信任他的“和平封锁”政策的效果外，即包围卡拜尔人所占领的土地，布里莫·里维拉将军最相信的就是系统性轰炸以及毒气弹的灾难性效果。有计划的轰炸使在城市和村庄的生活以及集市的举行和农田的耕作变得不可能，西班牙人想借此逼迫阿卜杜拉·埃勒·克里姆放弃抵抗。因此，飞机数量几乎增加了两倍。

但卡拜尔人早就习惯了空袭。在峡谷很多的里夫山里，他们有无数的山洞作为完美的、安全的空袭掩体。遭受破坏的村庄被村民遗弃。现在就已经有大部分起义的里夫人长期生活在山洞里。是否能够在广阔的农村彻底阻止农田耕种和生意往来，还是个未知数。事实上，1921年以来，起义地区已经恢复了农田耕种。

这两位德国军官前程远大，在后来德国空军的发展过程中发挥了决定性作用。当时的上尉乌尔里希·格洛尔特在1940—1941年间成为空军第1军的司令，时任少尉的汉斯·耶舒恩内克在1939年成为空军总参谋长。

在乌尔里希·格洛尔特和汉斯·耶舒恩内克返回德国后，德国军方决定，加强在苏联进行的试验。德国人并没有计划利用轰炸机联队进行实战演练，因为德国人并不拥有轰炸机联队。飞机设计师图波列夫设计的四发动机的重型轰炸机1932年才投入成批生产。因此，自1925年起，德国人就和苏联红军以及“苏维埃国防、航空和化学促进会”的专家一起试验喷射设备，有了这种喷射设备，即使是小飞机也能够发挥出大用途。斯托尔策贝格在伏尔加河畔建造了一个新工厂。虽然，时不时地有关于这些被禁止的秘密行动的消息泄露出去，但那些民主党派因为考虑到国防方面的利益——他们认为这种试验是用于国防的——而并不准备完全放弃这种可疑的试验。

希特勒在1933年才下令终止了这种在苏联进行的秘密培训和军工生产项目，因为他不想让自己过于依赖于斯大林的保密措施。在第二次世界大战开始的时候，也就是6年以后，这位德国独裁者却有了不同的想法。格洛尔特和耶舒恩内克在为对英国发动的空战做准备，却害怕使用毒气弹，因为英国人——不同于里夫的卡拜尔人——有能力用同样的方法进行报复，英国人当时已经拥有了一支作战能力很强的轰炸机联队，并且英国人还希望利用这支轰炸机联队迫使德国屈服。

亚瑟·哈里斯在1922年担任英国一个飞行运输中队的队长，参加英国军队镇压伊拉克当地民众的起义。英国军队同样对城市和村庄进行了轰炸，希望借此镇压起义。但英国人没有使用毒气弹，而是使用了定时炸弹，这给当地人造成了灾难性的损失。轰炸首先要使起义行动瘫痪，一直到哈里斯和他的运输机把地面部队运送到阵地，然后由步兵部队消灭起义的武装分子。亚瑟·哈里斯后来成为英国的空军司令，也是第二次世界大战中的一个重要角色。哈里斯当时就想到，在他所有的运输机上加装投弹设备，但他并没有做到精确轰炸，而只是对当地人进行尽可能的地毯轰炸，制造恐慌。

无论在理论上还是实践上，德国人在20年代针对未来空战所做的准备都完全超越了当时的时代。问题是，殖民地战争的对手实力远不如自己，从这样的战争中获得的经验在将来面对装备精良的欧洲军队时能否借用？工业社会对大规模空袭的抵抗力究竟有多大，充分的防空会不会又像第一次世界大战那样，使任何利用轰炸联队而快速决定战争胜负的想法化为乌有？

至少有一个人对此确信不已，那就是使用炸弹总是能够给人带来预期的胜利。这个人就是朱利奥·杜黑。杜黑把自己1917—1918年作为航空军官的经验和期望发展成为一个被多次引用的军事理论。当时普遍的观点认为，未来战争将更加把国家全部力量的全面机动化作为基础，杜黑由此得出结论，战争的主要进攻目标不是敌人的军事力量，而是敌人的大后方。

因此，杜黑主张，首先要摧毁敌人的空中力量和空军基地，这样才能夺得制空权。然后，要连续猛烈打击敌人的中心目标和大城市，使敌人的人民恐慌，并迫使敌人投降。他确信，工业国家人口的大部分是政治上动摇不定的工人阶层，因此，工业国家是抵抗不了这样的进攻的。1918年发生在德国的情况不就证明了他的观点了吗？行政体制完善且高效的德国尚且如空中楼阁般崩溃消失，又有哪个国家能够自信地认为在这样的轰炸下能够保住自己的防线呢？为了避免任何危险，杜黑鼓吹使用毒气弹，以把空袭造成的动摇对方军心的效果推向极致。

朱利奥·杜黑，意大利空军军官，空战理论家。

朱利奥·杜黑关于空战及军心的理论：

我甚至认为利用毒气弹对城市进行轰炸是被允许的，并且成效显著，并不是说我对大屠杀有着暴虐的乐趣，而是因为这样的进攻所带来的物质上的、精神上的效果对战争的胜利而言是决定性的。

现引用日本国防大臣大月行夫关于“站在十字路口的日本”的文章如下：

如果我们不是对敌人的要塞进行旷日持久的进攻，而是动用空军炸毁敌人后方的弹药厂、银行和政府大楼的话，我们就能够提前很多时间取得胜利。利用空战，我们消灭大城市里几百万的平民比我们消灭隐藏在工事里的几千名的士兵要容易得多。如果我们毫无顾忌地消灭所有的平民，不管年老的还是年轻的、男人还是女人、老人还是孩子，我们就能够使敌人军心溃散，从而能够很快取得战争的胜利。

第二次世界大战的事实表明，杜黑的理论有一系列致命的错误。毒气弹的使用确实使所有的欧洲国家感到恐惧，但几座大城市化成灰烬却并不足以使民众军心涣散。并且，他曾做出推测，即装备空军要比装备陆军和海军的费用要低，但这个推测并没有成立。没有哪个国家准备按照杜黑的建议行事，即放弃所有的防空措施，而把一切寄希望于大规模的对敌空袭。

其他的一些全面战争的维护者也完全低估了军事上摧垮一个现代化工业国家所需要付出的时间和军事力量。空战的预言家们不能够完全说服军方高层。他们的声音经常被其他的一些游说者盖过。又有谁会在未来前景不安全的情况下，真正放弃建造战舰、航空母舰和坦克或者是像当时刚刚开始建设的马其诺防线这样的军事防线呢？难道让空军对现代化、机械化的精英部队进行直接的支援不是能够更加可靠地保证人们所追求的快速胜利吗？

杜黑即使在自己的国家也没有得到足够的支持。墨索里尼统治下的法西斯意大利也对空战进行了大肆的鼓吹。1933年，甚至有25架意大利水上飞机飞越大西洋，降落在密歇根湖上。航空部长、民族英雄——意特洛·帕尔伯将军及他的飞行员们身着法西斯军服在芝加哥得到了狂热的欢迎。但意大利飞行联队所发出的震耳欲聋的响声在美国人那里唤起的却不是什么恐慌，而是对一位飞行勇士和相信进步的世界公民的兴奋。在军事方面，意大利也是谨慎行事的，它的空军配备有截击机和战斗机，这两种飞机数量均衡，除了投掷炸弹，还可以有很多其他的用途。

在要求建立战略性远程轰炸大队方面，无人能超出杜黑。杜黑甚至认为空中防御是多余的，要求把所有的资源都集中到空中进攻力量上。从空中进行大规模进攻，陆海军仅仅是保卫边境，这就是“空军制胜论”，但这种观点过于大胆，也过于冒险。

对比德国和其他国家，至少英国人给了空军更大的优先权。英国空军能够对本国的冲突起决定性作用，并在地面部队的帮助下平息争端。英国并没有说一定要避免截击机、重型战斗机以及重型远程轰炸机等空中作战力量的参与。但由于20世纪20年代中期此起彼伏的罢工运动，使得英国对自己民众的心理没有把握。而且，第一次世界大战中英国军队在索姆河战役中的惨重伤亡给英国人留下了迄今都没有完全克服的沉重打击。远程空袭有望使人们投入较少的人力，更快得到决定性胜利，并且能够带来巨大的恐吓效应。

英国著名的军事家利德尔·哈特也为这种可能性着迷，即让飞机越过敌军，直接将敌人的指挥中心轰炸致瘫痪。“如果这种进攻足够迅速、足够有力的话，那就没有理由不在战争开始后的几小时，或者最多只是几天后，摧毁一个交战国家的神经系统。一个现代国家的结构是如此复杂又互相制约，所以它是一个对来自空中的突然和猛烈的打击非常敏感的目标”。时至今日，军队和政治家们还在梦想着这样一种战术，这种战术现在被称为“外科手术式打击”。但当时的人们却远远达不到这种战争技术上的要求，并且人们也完全忽略掉了现代社会的复杂性提供了很高的灵活性，使其能够经受住这样的打击。

利德尔·哈特并不主张对敌方人民进行灭绝性战争。正相反，他想利用对敌人指挥中心进行的目的性打击，来尽可能阻止像1914—1918年发生的战争的极端化和扩大化。把对敌人民心的征服与“生命和工业的尽可能少的损失结合起来”，这是有利于在战争中占据优势的一方的。“今天的敌人是明天的顾客和未来的盟友”。这些想法都是非常有远见和现代化的。

随着皇家空军的建立，英国是唯一一个把空军作为一个独立的兵种建设的国家，目的当然是为了维护自己的主权。这已经给了备受争议的空中力量以很大分量，因为只有凭借他们，才能够进行独立的战略性空战。在所有其他国家，空军都是附属于海军及陆军的。因此，多功能的飞机才显得是最合适的武器。在魏玛共和国，空军的建设是在秘密状态下进行的，并且是小规模的。负责军用飞机事务的是陆军指挥部的一个下属部门，而且打着空中防御的旗号。这种情况明显影响了以后德国空军领导层对陆军的看法。

杜黑的理论在德国的军事圈里也没有得到多数的赞同。因为德国的地理和军事位置可能造成多线作战，所以这种把一切希望寄托在战略性轰炸的第一次毁灭性打击的观点并没有被过多地考虑。30年代中期，德国的军事计划更多的是要求有机械化部队，使用侦察机和战斗机只是为了能够提高机械化部队的作战能力。截击机和高炮部队是为了对来犯的敌机进行反击，其他的空中力量则被用于民用防空。民用防空是德国在1933年之前唯一可以公开进行的领域。但对于空中防御的宣传和争取政治上的支持来说，渲染可能发生的空战却是非常有利的。在国际舞台上，所有制定关于空战及空战中平民保护的国际法条例的努力最终都失败了。

03

从理论到实践：戈林的新式空军

客观条件不利于德国建立一支战略性的空军部队，因此，德国空军的发展有着矛盾的特点：军方并不准备完全排斥战略性空战，并且为空军部队的建立进行了一系列准备工作。早在1924年，曾担任过飞行联队队长的恩斯特·勃兰特布克就接管了德国交通部下属的航空部门的工作。他利用这一机会，将民用航空的飞速发展与秘密的空军发展协调起来。汉莎航空公司的民航客机容克斯52（Ju–52）可以在紧急情况下作为应急轰炸机使用因而得到很大重视。曾任飞行军官、时任汉莎航空公司交通部门领导的罗伯特·克奥斯在1933年5月也参与进来。同时他还带来了详尽的、关于研制重型轰炸机的研究计划。由轰炸机指挥中心集中指挥人约390架飞机是否能够真正决定战争的胜负还不得而知；但它至少是一个威胁性的因素，能够有效阻止邻国破坏德国的军事装备。克奥斯认为这样一支轰炸机队伍完全能够阻止敌人——他首先想到的是法国和波兰——通过毒气弹、烈性炸弹以及燃烧弹对重要城市进行的机动化进攻，把敌人的飞机消灭在他们的机场上，摧毁敌人的军工生产。

在新任德国总理的阿道夫·希特勒刚刚宣布的“民族革命”进程中，秘密进行的空军军备研究应该得到尤为深化的发展。但希特勒关于

赫尔曼·戈林，身着由西班牙国王为他颁发的“红十字勋章”。

未来“生存空间”战争的设想却仅仅在德国军方领导层中被秘密提到过，并且，这种设想无论从军事技术来讲，还是从战略角度而言都是模糊的。而他决心在最短的时间内完全改变欧洲的势力对比，却给了空战专家们自由发展的机会。赫尔曼·戈林曾经是一位被授予很多勋章的截击机飞行员，并且是希特勒最信任的人之一，统领建立独立空军的工作。但他不得不动用很多陆军军官来担任空军军官，特别是担任空中防御及新建立的高炮部队的军官。戈林的空军部队从一开始起就受制于陆军。这一点并没有因为后来空军这一兵种的独立性以及戈林在政治和经济上的最高指挥权而得到很大改变。

第一步的军备计划包括重型轰炸机的制造。以其他大国作为榜样，首先是四发动机远程轰炸机被委托制造，这种轰炸机于1936年进行了首次试飞，1939年就被空军投入使用。在此期间，德国人想建立一支“冒险飞行大队”，这支队伍是一支由357架飞机组成的轰炸机联队，其中有部分飞机是由Ju–52型客机改装而来的。这并不是一支令人印象深刻的空军力量，凭借它并不能进行杜黑意义上的具有毁灭性效果的独立远程空战，它还需要进一步的发展。但希特勒在日内瓦裁军会议上许诺放弃制造轰炸机，并加入防空条约。希特勒认为，这样，他就有机会用一支笔就消除潜在的敌人在这一领域的优势，然后德国就可以专注于研究其他的攻击性武器。

30年代中期实质上是决定第二次世界大战发展方向的一个重要时期。在美国，四发动机的波音B–17飞机进行了成功首飞。这种飞机是“飞行堡垒”，是后来美国远程轰炸机在欧洲的核心力量。美国人生产了12000多架这种型号的飞机，这种飞机飞行性能好，并且配备有13挺机关枪，防御能力也很强。后来的盟军正是利用这一记“重锤”击垮了德国的军工生产。同时，美国人继续研制生产新的四发动机轰炸机，B–24“解放者”轰炸机于1939年成功进行首飞。由于航程更远，这种飞机主要应用于太平洋战争中。第二次世界大战中，美国共制造了18000多架B-24“解放者”轰炸机。

拥有了这两种巨型远程轰炸机，美国就具备了进行战略性空战的最好的前提条件。第二次世界大战中迅速提高的产量证明了美国军工业的生产能力，当然它们当时是在完全不受干扰的情况下进行生产的。作为美洲大陆国家，美国并没有受到战争的直接威胁，所以它只是计划把空军作为一种辅助手段。空军被分配到陆军和海军，但陆军中的飞行员早在1935年就被集结起来，这样就有可能组建有效的空中作战力量，就可以对战争目标进行针对性打击，胁迫敌人投降。

1936年西班牙内战中，一架德国飞机向西班牙的一个目标投掷炸弹。

德国“兀鹰军团”的一架战斗机在1936年西班牙内战中，该图是从驾驶舱望出去的景象。

在英国，1934年的空军军事演习似乎已经证明，轰炸机“总是能够获得成功”。因此，英国人设计了一种双发动机的布伦海姆式（Bristol Blenheim）中型快速轰炸机。这种轰炸机在1936年完成首飞，它当时的速度超过所有的战斗机。这种型号的飞机后来一共生产了4442架。但一直到战争打响，英国人却仅仅拥有488架轻型战斗机。和装备精良的德国空军相比，英国人甚至没有可能仅对德国西部进行像样的进攻。

英国人在1935年作出了一个比较重要的决定，那就是，把所有的远程战斗机集中起来成立“轰炸机司令部”，这个司令部负责反击深入英国后方的敌军进攻。随着亚瑟·哈里斯的上台，一个为了独立空战而进行顽强甚至是固执斗争的人物出现了。由于国内的反对和怀疑，他等到机会的来临还需要很长的时间，但他已经开始了自己的行动。取得优先权的是制订对德国军工生产进行轰炸的作战计划。我们且不管当时的军工业还不能满足这种作战计划需要的前提条件，单单制定这个作战目标已经很困难。但这种计划的制订却是值得的，并在第二次世界大战中取得了丰硕的成果。

„Legion Condor" Illustrierter Beobachter Seite 19

Deutsche Flieger an der nationalspanischen Front

General Frhr. v. Richthofen vor einem Frontflug im Gespräch mit seinem Beobachter.

General Frh. v. Richthofen will sich über den Verlauf der Kampfhandlungen und die dadurch geschaffene Lage orientieren. Er steuert dabei seine Maschine stets selbst.

Fliegerangriff auf einen feindlichen Munitionszug.

Mit besonderer Vorliebe suchten sich die deutschen Flieger der Legion Condor feindliche Ziele wie Eisenbahnlinien, vor allem Bahnknotenpunkte, dann Munitionstransportzüge, Elektrizitätswerke, Munitionsfabriken und andere kriegswichtige Betriebe. Auf dem Bilde sieht man eine Eisenbahnlinie und auf ihr, von Sprengwolken umhüllt, einen Munitionstransportzug.

General Frhr. v. Richthofen macht sich zum Frontflug bereit.

Aufnahmen: Helmath Kurth (3), Privat (1)

Ein nach erfolgreichem Luftkampfe abgeschossenes feindliches Flugzeug.

1939年6月，《观察画报》的一篇报道颂扬德国“兀鹰军团”在西班牙内战中的行动。左下角的图片是沃尔夫拉姆·里希特霍芬将军在一次行动之前。

德国人也在系统搜集可能成为敌人的国家的军事部署以及军备技术方面的资料。但由谁来最终决定，在军工企业和军事设施外，哪些经济目标应该首先被轰炸以迫使敌人崩溃呢？例如，炸毁敌人的电厂能够使对方的经济生活很快瘫痪吗？从空袭开始到空袭确实对生产发生影响，要经过多长时间呢？但首要的问题是：人们怎样才能够更好地驾驶高空飞行的飞机，使之能够精确和有效地轰炸地面目标？恰恰在这一方面，德国的试验并不让人乐观。在对方进行猛烈反击或天气状况不利的情况下，还会有其他更难以解决的问题出现。

30年代中期，所有的大国都决定，优先研制双发动机中型战斗机。但双发动机中型战斗机的速度和灵活性却妨碍了航程和承载量。1935年，德国人研制的这种飞机He-111进行了首飞。这种飞机被设计为快速战斗机，进行战斗时不需要护航。这种飞机后来成为德国空军的标准战斗机，共生产了大约7000架。参与设计中型战斗机Ju-88的除了亨克尔公司，还有位于德绍的半国有的容克斯飞机制造厂。1938年，Ju-88型战斗机投入批量生产，在第二次世界大战过程中，共计生产了15000架。Ju-88被用作侦察机、鱼雷机、战斗机、夜间战斗机以及轰炸机。第一批产品在1938年就出厂了。

1935年，意大利人在占领埃塞俄比亚时获得了重要的经验。意大利人出动了机械化纵队，再加上战斗机的帮助，但这种方法并非取得军事胜利的法宝。和10年前西班牙人在摩洛哥一样，墨索里尼让军队后撤，然后和对方进行了长达几个月的毒气战。轰炸机向后方的城市和村庄大规模喷洒芥子气——一种腐蚀性极强的毒气，这给平民和士兵带来了致命的后果。既然敌人的力量已经被大大削弱了，意大利人后来的胜利也就不费吹灰之力，这至少为意大利空军的前领导人杜黑部分挽回了名誉，虽然这个名誉的挽回来得有些晚。但这次战斗也并非杜黑所鼓吹的利用毒气弹的大规模进攻快速制胜。

1939年5月《雄鹰》特刊为出自德绍的“斯图卡”飞机所做的广告。

当然，有一点还不得而知，那就是，这种经验是否能够借用在欧洲各大国之间的战争中，因为埃塞俄比亚军队根本不具备有效的防空和防毒气的武器。希特勒自1935年起就未雨绸缪，下令大力加强防空，并批准建立“雾军”，即德国新式毒气部队。短短几年内，德军就具备了相当强的进行化学战的实力。尽管有一些军方和企业的专家极力宣扬毒气空战，但希特勒还是不能够最终决定，把一切——这里的一切是杜黑意义上的一切——都压在这张牌上。但作为威胁和恐吓的手段，这种战争方式却非常有效。

“我们家住在比格尔尼卡稍高的山上，所以我们能够很清楚地看到城里的情况。周日轰炸开始前，大概下午两点，有一架小飞机在格尔尼卡的上空盘旋，我们称它为‘告密者’——那是一架侦察机，意大利人和德国人经常利用它们进行侦察活动。这时，教堂的钟敲响了，对面的山顶有人在挥动旗子——空袭警报！我们小孩子马上躲了起来。可是，那架飞机转了几圈后，就不见了。我的父亲

比托利亚诺·乌卢布卢（Bittoriano Uruburu），格尔尼卡山谷北坡的农民，1937年4月26日格尔尼卡轰炸的见证人。

非常担心。‘孩子们’，他说，‘今天下午，你们就不要到下面的城里去了。谁知道，我们会不会遭到轰炸。’‘格尔尼卡？轰炸？太可笑了’，我母亲非常不满，‘你吓坏孩子们了！’

“星期一是集市的日子。我的母亲和我在9点的时候到格尔尼卡卖菜，然后我又回家，帮我父亲种土豆。大概三点半的时候，所有教堂的钟都敲了起来，而且阿斯达兵工厂的警报也叫了起来。从北边的海上传来了低沉的隆隆声，并且越来越近。然后，一架大飞机从我们的头顶隆隆飞过。我们还从没有看到过这么大的飞机。它径直朝格尔尼卡飞去。这种轰炸机吸引着我们小孩子。它飞到大约河上大桥的高度，飞机的舱门打开了，从里边飞出许多尾部带着小翅膀的黑色管子。然后，就是巨响。老天，多大的声音啊，同时还有很多的碎片！到处浓烟滚滚。突然，我想到了我的母亲。她还在下边城里的某个地方！我闪电般飞快地跑进山谷，跑过大桥；当时，那座桥还立在那里，但到处都是弹坑。我跑到市场上，农妇们提着空篮子从对面跑了过来，警察在大叫：‘快进防空洞，快进防空洞！’在一片混乱中，我终于找到了我的母亲。我拉起她就跑，我们不断向前跑，跑出城，跑过大桥。我们沿着山坡，朝山坡上我们的家跑去——我们才跑了一半，从我们身后又传来了隆隆声，并且这声音比刚才的声音还要大。轰炸机，三排，一共9架！我和我的母亲跳入一个水坑，那里面还蹲了另外几个害怕得瑟瑟发抖的人。紧接着，又是巨响，大地在震动，无数碎石飞到了我们身上。这样的情形一直持续到了晚上，轰炸一轮又一轮，我们觉得时间简直好像停滞了。大概在晚上7点，最后一架飞机终于飞走了。我们终于可以从乱糟糟的水坑里爬出来了。触目所及，到处一副可怕的景象：格尔尼卡城以前所在的地方，现在升起了浓烟，一直升到天空。”

阿尔方斯·克森讷（Alfons Kössinger），“兀鹰军团”侦察员，轰炸前后都曾在格尔尼卡执行任务。

“我听信了宣传，到西班牙为自由而战，和那些红军作战，我们是那么称呼我们的对手的。执行完任务后，我满怀骄傲地回来了。

“我并不知道有消灭格尔尼卡的命令。在轰炸的前一天，我接到命令，给铁路和大桥拍照。铁路和大桥都位于这座小城向北的出口。轰炸发生之后，我又飞到那边一次。但由于浓烟，我什么都没看到。两天之后，我又带着照相机去了格尔尼卡，但这次并不是为了侦察，而是我想给自己拍一些轰炸的照片。在这些照片中，有一张上是被炸毁的铁路桥。很多房屋都烧掉了。西班牙民族主义者告诉我们，是那些‘红军’在后撤的时候放火烧了这座城市。虽然，我看到了几个空汽油桶，但在我的照片中也可以看到有些房屋的墙壁上有洞，而这些洞肯定是炸弹造成的。但我不知道，这些房子被烧毁是不是由于轰炸机扔下的燃烧弹。毕竟，我当时只是个上士，肯定不会什么情况都掌握。”

空军已经在准备利用化学武器进行战斗，但西班牙内战的经验却指向了另一个方向。1936年秋天，在争夺马德里的战斗中，弗朗哥将军领导下的政变分子对首都进行了猛烈的空袭，造成了2500人死亡，这是当时空战还比较短的历史中造成的最大的平民伤亡。但人民的抵抗以及军心却并没有被击垮。因此，弗朗哥被迫放弃空袭，因为他担心，仇恨和报复的决心会造成反抗的增强，并且这种仇恨和报复最终有可能指向他自己以及他的追随者。

双方的武器装备改变了战争的局势，并使战争在阵地战和运动战中变化。特别是凭借着意大利空军和德国“兀鹰军团”的大力支持，弗朗哥军团在与西班牙共和军的战斗中最终获得了艰难的胜利。戈林的空军在西班牙找到了完美的试验场。德国的“兀鹰军团”装备的是新式的He-111战斗机。当然，战斗机的数量远远达不到杜黑所要求的数量，而且，这场进行了三年之久的复杂的战争也不允许进行独立的战略性空战。

结果表明，水平轰炸的轰炸机甚至是在进攻较大的军事目标时，轰炸的失误率也高达90%。至于共和军在1937年瓜达拉哈拉战役中的胜利——当时共和军的轰炸使意大利机械化师不能前行一步，德国军事观察员认为可以从这一事实中得到解释，那就是，意大利军队完全没有防空措施，因而根本无法反抗，“红色轰炸机”得以不受任何干扰地实施轰炸，即使命中率很低。

俯冲轰炸机Ju-87的轰炸效果就好得多。Ju-87的样机在1935年进行了成功的试验，1937年春天提供给“兀鹰军团”使用。后来，德国共生产了5700架这样的飞机。虽然，这种单发动机飞机的航程、速度和载弹量都不高，但因为它具备俯冲能力，所以能够相对准确地攻击目标。这样，人们就不需要对水平轰炸机的瞄准器进行复杂的改进设计。同时，Ju-87装有发出尖叫声的警报器，以加强心理恐惧效应，在恐怖的警报声中，飞机俯冲向它们的目标。虽然仅仅是一架轰炸机，但Ju-87在第二次世界大战开始之初却成为德国“闪电战”的象征。

He-111型轰炸机在西班牙也主要用于支持地面部队。直到今天，对格尔尼卡的轰炸都被视为是毁灭性轰炸的开端，是一个传奇，虽然这个传奇早就被专业文献驳斥过。这次轰炸因为毕加索的绘画而闻名世界，并且它服务了英国所宣传的理论，那就是，戈林的空军已经开始进行战略性空战了。但1937年4月26日，由几十架德国和意大利飞机对巴斯克人的这座小城进行的轰炸却根本没有被计划为一次毁灭性轰炸。轰炸的目标只是阻止共和军逃离战场。因此，弗朗哥要求炸毁城市边上的一座桥，并切断通向这座桥的通道。

这次轰炸中总共使用的炸弹以及燃烧弹的数量是轰炸桥梁的常见数量。因为德国人担心满大街都是共和军，因此轰炸机在很高的位置就开始了进攻。所以，精确轰炸几乎未能实现。因为浓烟和风，所以首先是

20世纪30年代末，德国空军士兵在为“斯图卡”加油。

根本未配备任何瞄准器的临时轰炸机Ju–52把炸弹胡乱投了下去。这座小城——城中的居民大多已经逃离——顿时成为火海。当时这次轰炸为何如此轰动，起决定性作用的是新闻报道。新闻报道称，这是首次整座城市被毁——未来战争的不祥之兆，并且当时欧洲对战争的恐慌之情已经越来越强烈了，战争离人们也显得越来越近了。

然而，按照当时人们的理解，德国的这次轰炸是一次合法的军事行动。后来的英国空军元帅哈里斯在他的回忆录中也承认，盟军在第二次世界大战中，为了阻止德军的前进或是后退，对德国城市中的交叉路口也采用了与德国在格尔尼卡的方法相似的轰炸方法。但从轰炸的效果而言，格尔尼卡轰炸无疑达到了毁灭性轰炸的级别。

自然，当时的专家们——今天的专家们也是如此——利用那次战争的机会来研究技术问题，并总结经验教训。例如，在西班牙毒气弹被使用，但德国人并没有真正计划用毒气弹来进行致命的第一击。德国的工程师和技术人员很快认识到，西班牙的轰炸效果并不适用于中欧的情况。伊比利亚半岛上的房子建造得并不牢固，而且容易燃烧。除此之外，西班牙人根本不拥有任何有组织的防空措施，没有防空洞或是足够的灭火配备。

德国空军领导层认为他们的看法得到了证实，那就是，空军的主要任务在于利用战略轰炸支持陆军的行动。与其他大多数国家的想法不同，德国人认为，若要支持陆军的行动，就必须大力发展俯冲轰炸机，因为根据当时的技术水平，只有俯冲式轰炸机能够有效攻击军事目标。对方的军队是首要攻击目标，消灭它就能取得战争的胜利。这也包括对敌人后方的目标进行空袭，只要空袭能够加快敌人抵抗的崩溃。除了军

1935年起任德国空军总司令的赫尔曼·戈林（左）。在他旁边是汉斯·耶舒恩内克，空军总参谋长，他早在1925年就参加了摩洛哥的毒气空战。

队和营房这样的军事目标，凡是对敌人军队的作战能力重要的东西，例如，桥梁、仓库、车站以及其他的民用设施都属于轰炸的范围。

按照当时的国际法，紧挨着战场的城市和村庄如果进行反击或是拥有军事设施，都可以被视为合法的攻击目标。就如同围攻要塞，民间的损失只好不去计较，因为一切都是为了一个更高的目标，那就是取得胜利，并结束战争。当然这并不是说，可以任意攻击平民或者不具军事意义的目标。但是，有人借口“实现更高的目标”为恐怖轰炸以及对敌人所有的“力量源泉”（这其中也包括平民）进行战略空袭进行辩护。当时的人们并不认为这种战术是不人道或者是野蛮的。人们只是把英国人1914—1918年海战的封锁战术的规则转用在了以后的空战上。

关于杜黑设想的争论并没有太多受到道德及人道主义问题的影响。对人们来说，更重要的是可行性及效果的问题。一场现代化的战争真的能够单单通过空战来决定胜负吗？通过对敌人的“力量源泉”进行集中打击以及动摇敌国人民的军心就能够很快取得胜利吗？西班牙和埃塞俄比亚的战争绝没有证明这一点。关于未来的战争，人们任何武器都不能排除，不管是毒气战还是战略轰炸，因此各国军队都要做好应付毒气弹和大轰炸的准备，谁也不能忽略对本国平民的保护。自己的进攻潜力有可能吓退敌人，并使自己有报复的能力。没有人知道，未来大国之间的战争究竟向哪个方向发展。

在德国人看来，另外一种观点是决定性的。希特勒已经决定，加快军备，尽可能快地发动计划中的战争。1936年，他制订了秘密计划，要求军队在4年内做好战争准备。经济形势的日益恶化与这种目标背道而驰，因此，希特勒决定通过庞大的自给自足方案克服经济上的危机，计划的具体执行由戈林负责。对希特勒而言，这场由他发动的军备竞赛留给他的时间并不多，因为英国和法国也在开足马力改进并扩大自己的军备。对纳粹而言，关键性的问题是：如何才能尽快地组建起一支拥有大量先进武器并且能够最快地把自己的优势发挥出来以“击溃”（这里我们套用一下希特勒最爱用的一个词）敌人的军队？在敌人的军备达到相同的水平前，一切必须尽快决定。

空军的发展方向是第一任空军参谋长瓦尔特·魏威尔将军在他因飞机失事罹难不久前确定的：1935年制定的空军服役守则（LDvV16）留下了很多的可能。守则中说，空军的袭击要针对“敌人的作战部队以及敌方民众的反抗决心”。虽然，对敌人“力量源泉”的攻击决定着战争的进程，但它对陆军和海军的战争行动的影响要晚些时候甚至是太晚的时候才能发挥出来。因此，对敌人后方的“力量源泉”的进攻应该和其他的行动结合起来进行。但魏威尔并没有从根本上排除仅仅通过毁灭战略性目标来迫使对方投降的可能性。

德国在30年代的战争理论几乎同其他大国对于战争的想法没有差

德国仅仅制造了两架“乌拉尔轰炸机”Ju-89。Ju-89从未投入批量生产。

别。当然，在战争中人们希望能够快速制胜，但利用空军来取得迅速胜利还只是一种空想，所以人们不得不信任现有的陆军和海军力量。空军的战略性轰炸能够起到有效的支持作用，但没有哪个大国会把所有赌注压在空军上面。法国已经开始在马其诺防线后构筑工事，英国加强对英吉利海峡的保护，美国重兵驻守大西洋。

德军在东线和西线耗费巨大人力物力修筑掩体，这些掩体在战略方面而言，应该是有益的。例如，一旦德国不得不两线作战，就可以在一条战线上采取攻势，而在另一条战线上采取节约力量的守势。在此次人类历史上最大规模的建造计划的过程中，30年代的德国不仅修建了巨大的堡垒，而且把最现代化的军工企业全部集中在了德国中部——当然不在英法以及苏联远程轰炸机的航程范围里。除此之外，德国在国内还大规模修建民用防空设施和军用基础设施，例如，营房、地下发动机燃料仓库等。

希特勒和他的将军们也没有勇气孤注一掷，完全遵循杜黑的理论。本来，有限的资金也不足以建立一支战略轰炸机大队。依据希特勒4年内做好战争准备的计划，空军领导层非常明确地把优先权给了中型飞机。作为一支可多方面使用的空军的一个战术组成部分，它的主要任务在于

帮助陆军快速击溃敌军。生产已经被研制出来的Ju-89型四发动机远程轰炸机（“乌拉尔轰炸机”）的计划只好暂时搁置起来。这其中也有技术上的原因，因为当时德国拥有的大功率飞机发动机数量不够。除去这个，德国的军工企业也没有能力生产这么多的发动机，最根本的原因在于缺乏第一流的发动机燃料——这是德国在两次世界大战中都没有解决的问题。

无论是军事还是政治都赞同这种考虑，那就是，在花费同样金钱的情况下，宁愿生产两架He-111或是4架“斯图卡”Ju-87，而不是去制造一架四发动机的远程轰炸机。凭借这种试验上取得巨大成功的飞机，空军的将军们就有能力为陆军的同事们提供所有他们希望的帮助和支持。中型飞机生产数量的迅速提高同时又给“元首”提供了在政治上施压的有效手段，以阻止西方势力的干涉并且迫使较小的邻国顺从。所以，1938—1939年，希特勒得以通过一系列不流血的“战争”占领领土。占领奥地利和捷克斯洛伐克的同时，又改善了德国空战的战略环境。

He-177，设计技术的失败对飞行员而言意味着拿生命冒险。

但1935年和1936年德国组建战略性轰炸机联队的计划却仅仅推迟了三年而已。因为Ju-89型和Do-19型并不能使人信服，所以1939年之前要研制出一种完全崭新的机型。在此期间，双发动机的快速战斗机被大批量生产出来。但这种飞机作为战斗机并没有实现德国人对它的期望，特别是1940—1941年，虽然在第二次世界大战期间它作为空军的“工作之马”作出了很大的贡献。更加严重的是一个错误的决定，把未来的战略远程轰炸机作为双发动机的俯冲轰炸机去装配。魏威尔将军的继任者恩斯特·乌德特对此决定负有责任。由于这个决定，希特勒不得不选择利用战略性轰炸进行冒险，而利用战略性轰炸他本来可以改变在东方的“生存空间”战争和反对西方力量的斗争的局面。

但当时，德国军方的领导层还认识不到这种后果；德国人确信，He-177能够完成所有军事上（利用俯冲式飞机能够进行节约费用和金钱的精确攻击）和政治经济上的要求。这种双发动机和俯冲式飞机的组合的技术原则后来当然被证明是错误的，并且它还不断地推迟这种宝贵的轰炸机的投入使用。虽然He-177在1939年11月进行了首飞，并在1940—1941年之交被供应给空军使用，当时德军迫切需要它，以完成闪电战，并且进行希特勒的“大洲之战”，但对试飞员来说，驾驶这种飞机始终都要冒着生命危险。为此，德国空军兵器署署长恩斯特·乌德特在1941年底意外死亡。一直到斯大林格勒战役时，为了保证德军的供应，才有几架He-177作为应急运输机被投入使用。1944年10月，德国完全停止了这种飞机的生产。一共有1400多架飞机被生产出来，大批的飞机停靠在挪威的机场，并在1945年5月落入英国人之手。

而利用这么多的人力物力，希特勒原本可以建立一支自己的轰炸机联队，在1942年时就给他的对手丘吉尔一个警告。这位德国独裁者在战争开始之前还可以把另外一种远距离武器考虑进去。在研制远程导弹方面，他的技术人员和工程师们已经取得了一个重大的突破。长远来看，这种革命性的新技术甚至能够超越远程轰炸机。德国人在图纸上设计了一个洲际导弹，其目标是纽约，这是德国设计师们在1918年时还想利用费用昂贵的大型飞机所要达到的目标。德国人也拥有化学武器，以加强导弹弹头的攻击能力。制造原子弹也显得是可能的，并且1939年时不再只是空想。但为了和空军竞争，陆军宣扬不能把一切希望都寄托在拥有战略性远程武器上。在第三帝国，这种情况并非少见，那就是，这两个兵种在武器研制方面并不是互相合作，而是互相拆台。

我们可以断定，在1939年战争开始之初，对于有可能发生的战略性空战，各个大国无论在设想上，还是在武器装备上，并没有根本的区别。1939年7月秘密进行的最新的武器制造技术的进步以及新的机型的展示当然给了纳粹领导层一个假象。但实质上，当时的很多项目尚处在研制阶段。有些设计，比如He-177后来根本没有投入使用；其他的一些武器，例如，革命性的喷气式战斗机（又称歼击机）则已经不再能够影响战争的进程了。至于整个Ju-87飞行中队在俯冲飞行时栽倒在地上，现在回想起来，则完全可以被视为是一种不祥之兆。

04

希特勒要发动战争

因为希特勒1938—1939年敦促尽快发动战争，所以军备活动进行简直到了疯狂的地步，那些长期的项目就必须被后置，并几乎不能进入各兵种的计划。德国军事政策的一个显著特点就是缺乏一个整体的战略。这造成了德国在第一次世界大战中的失败，而这个问题在第三帝国时代仍然不能得到解决。作为一个大陆国家，陆军在德国自古就享有特权。因此，陆军总司令部就要求对整体的战争拥有指挥权。这样一来，海军和空军只不过起辅助的作用。但由于希特勒作为整个军队的最高指挥者给了海军和空军较大的自主权，所以陆军的权限就有了相对性。因此，空军的戈林和海军的领导就可以直接向“元首”要求审批项目和资源，事先并不需要和陆军进行协商。

希特勒命令进行了几次战役和行动，这些战役经常是突然进行的，这使得对军备计划的改动成为必需。在战争的头两年，军工生产处于停滞状态，希特勒也容忍了，因为这种“似和平时期”的战争经济使自己的人民免受更大的负担。只要德军凭借目前所具备的力量能够完成所有的任务，戈林的空军能够保证欧洲大陆的制空权，拥有远距离的战略轰炸机联队就显得是多余的。

对于中欧和西欧而言，德国战斗机的航程已经足够对邻国的首都和领土构成威胁。因此就出现了一个关键性的问题：可能的毁灭性轰炸究竟是否对德国有利，德国领导层是否愿意进行毁灭性轰炸或者是否至少考虑过进行毁灭性轰炸。广为流传的观点是，德国高层从一开始就要进行闪电战，并且直至1941年底都成功进行了闪电战。最新的军事史的研究成果早就否定了这种看法。

事实上是，闪电战的计划是在1940年5月对法国的战役中才出现的——并且，没有人会比希特勒以及德国军方高层对此更感到吃惊的了。第一次有计划的闪电战是对苏联的袭击——结果却是惨败的。适合闪电战这种战略计划的作战方案当然是，首先对敌人进行出其不意的空袭，夺取制空权并恐吓敌方的人民，然后利用坦克部队的快速前冲击溃敌人的地面部队。理论上讲，这是对杜黑和古德里安——空军制胜论以及现代坦克战的鼻祖的理论的结合。

但作为德军坦克部队的指挥官，海因茨·古德里安在对法国的战争中仅仅是创造出了一种成功的闪电战的战略方案，但这种闪电战必须拥有的首要前提是，德军要掌握战场的制空权。这要求坦克和战斗机密切合作，迅速攻破敌人的防线，然后大肆向前推进，包围并消灭敌人，以迅速取得军事上的决定性胜利。为了成功推行这种战术，空军就必须集中自己所有的力量来支持陆军。对敌人的军工企业和平民进行系统轰炸对战争进程的影响，绝不会像成功的保卫战的影响那么大，并且系统轰炸会造成力量的分散，使决定战争胜负的地面部队最终陷入阵地战的泥潭。但如果对敌人的后方、军事设施及指挥中心进行有针对性的轰炸却能够很快对战场的情况产生影响。

在第二次世界大战前夜，古德里安成功的令人吃惊的闪电战战术还只是一种空想。德国总参谋部虽然希望用警察行动的方式在军事上征服波兰，但他们也必须做好准备，那就是，其他大国不会坐视不管，有爆发大规模战争的可能。1939年夏天，一种危险显现出来，那就是德国可能会由于英法苏的军事联盟而被迫多线作战，这样，在西线，德国和法国在长长的掩体里的对抗就有可能像1914年那样发展成为旷日持久的封锁战和阵地战。

西方势力最终决定要抵制希特勒的扩张势头，并进行了相应的准备。英国误以为英吉利海峡能够保障自己的安全，法国则臆测马其诺防线能够让自己高枕无忧。两个国家都害怕和希特勒的军队进行血腥厮杀。对第一次世界大战的记忆无论是在巴黎还是在伦敦都仍然很清晰。因此，和希特勒进行时间较长的消耗战（对德国后方进行空袭可能也算在其中），以求像1918年那样的德国崩溃，这似乎是最能够向自己的人民交代的战术了。

1939年的夏天，柏林正紧锣密鼓地加紧为一场在当时最违背世人

1936年，戈林和希特勒视察位于乌斯特罗半岛雷里克附近的德国最大的高射炮炮兵学校的炮击演习。

意愿的世界战争做准备。这其中包括对整个帝国进行全面的动员，为的是避免1914年的情况再次发生，使德国从一开始就做好应付更大压力的准备。1935年，埃里希·鲁登道夫将军，第一次世界大战时的德军的秘密军事独裁者，出版了他著名的论述《总体战》的著作。在书中，他对未来战争做出了如下的解释，那就是，只有一个在和平时期能够坚定不渝地对战争进行准备的国家，才有可能拥有实施未来总体战必需的力量和勇气。总体战是黩武主义的梦想，所以1939年的希特勒并不想进行这样的战争，因为他并没有准备让军队放任自流来影响自己。但在最糟糕的情况下，希特勒当然也会为这样的战争做好准备，以避免“1918年11月”的重演。

但他首先还是对自己军队的战斗力充满信心，尤其是在1939年4月20日，在他50岁生日的阅兵式上，德军表现之出色更加增强了他的信心。但与公开场合的表现不同，这位独裁者对自己的人民却绝没感到放心；德国人民在军备压力下呻吟，希特勒只能用未来的富裕来敷衍他们。罢工活动此起彼伏，内部的专家也警告说，弓不要张得过紧，事情不要做得太过火，这一切都表明，德国已经到了压力的极限。生活境况的任何进一步的恶化，不管是由于为战争进行的全面动员，还是因为敌人的空袭，都有可能造成内部的崩溃。刚刚几个月前，陆军总参谋长路德维希·贝克将军因为抗议希特勒冒险的战争方针而辞职，并且对于全体因为可能爆发的战争而忧心忡忡的将军们，这位独裁者也不能够完全信任。至于希特勒当时是否预感到他已处在政变的边缘，就不得而知了。

当然，在这一阶段，还是有一些军方或是民间的专家被希特勒传唤，他们相信，杜黑的理论是正确的，因此，他们不断在幕后秘密为希特勒出谋划策。例如，负责准备毒气战的赫尔曼·奥克斯内尔，他能够提出在政治、经济和军事上的具有说服力的理由来证明，为什么德国应该指望毒气战，在他看来，在未来的世界大战中，毒气战肯定具有比上一次世界大战时更大的意义。如果德国被迫为生存进行斗争，那么只有下列方法能够带来战争的胜利：首先是在东部和西部建立一个化学封锁区，然后是对主要的敌人进行毒气空战。

“每个人都知道里希特霍芬。每个人也都知道乌德特。当我还是个小男孩时，我曾在汉堡观看过乌德特飞行，我当然很兴奋。他用飞机做的那些高难动作，简直难以置信！在我看来，乌德特是最有名的。我们怀着无比崇敬的心情，倾听那些英雄们的故事：哈特曼当然是尽人皆知，马塞勒则非常特别。我们都希望，自己也能取得类似的成就。

奥托玛·克罗斯（Ottomar Kruse），德国空军战斗机飞行员。当他还是个孩子时，他就梦想着做一名飞行员，建功立业。

“这是对冒险的渴望。我从十二岁时，就想成为职业飞行员。那时，在德国有一架飞机，被称作‘儿童海鸥’。我想，那是一架F-13，一架容克斯。我记得很清楚，那是用波纹白铁皮做的。我坐了一次那架飞机，然后我就下了决心：奥托玛要成为飞行员。

“毋庸置疑，我们肯定会赢得战争。我们年轻，充满热情。我的打算是，先成为战斗机飞行员，然后可以经过培训，驾驶更大的飞机，那种汉莎航空公司或者其他有什么地方使用的大飞机。”

以下来自于奥克斯内尔上校在1939年7月28日呈给陆军参谋部第一处的研究报告：

敌方重要的工业中心，但首先是政治上重要的大城市，例如伦敦，要有计划地每天反复进行飞机轰炸，并且要利用各种化学武器（蓝十字毒气、黄十字毒气，或者绿十字毒气，例如光气弹）。毋庸置疑，这势必会使伦敦这样的城市陷入无法忍受的恐慌，也给对方政府施加巨大的压力。

奥克斯内尔估计敌人进行这样反击的可能性比较小，因为纳粹主义的一个成果在于，德国民众的心理承受力要好于西方民主国家的民众。奥克斯内尔得到了卡尔·克鲁克的支持，卡尔·克鲁克是庞大的IG燃料康采恩的董事会主席，被戈林任命为“化学”部长，并负责燃料和炸药的生产。克鲁克曾多次在详尽的报告和计划中阐述自己的观点，即只有对德国军队的装备进行大规模的改装，使之适应毒气空战，才能够帮助德国取得时间较长的战争的最终胜利。

为了防止万一，希特勒并没有放弃化学武器，但化学武器并没有得到优先权。毒气空战的倡导者和杜黑的信徒们提出的计划不过是一次“赌博”，而且第一次世界大战中的经验太令人难忘了。在第一次世界大战中，无论是对伦敦、巴黎进行的空袭还是前线进行的毒气战并未能带来战争的胜利。为什么这两种武器的组合在下一次战争中就一定会更加成功呢？不管怎么样，空军总参谋部在1939年5月还再次断定，在当时情况下对英国进行的战略轰炸肯定不会成为毁灭性轰炸。当然要考虑到对方有可能采取的报复行动。现有的中型战斗机随时都可以袭击伦敦，而英国则最多能袭击到鲁尔地区。

因此，希特勒已经拥有了足够的威胁资本，并且这个资本同时又能够在进行地面行动时给陆军以足够的支持。如果能够和英国达成预期的和解，进一步投入远程战略轰炸机也并非必需。在必要时，1941年起，也能够使用He-177完成远程战略轰炸。在空军总参谋部的说法中，比较独特的是远程飞机的使用。另外，德国认为，燃烧弹的使用也应该有所节制，虽然在格尔尼卡的战斗中，燃烧弹的灾难般的威力刚刚得到了证实。德国空军的高层不遗余力地推进无线电导航系统的研究，以提高轰炸机目标攻击的准确性；这一点上，和英国相比，德国已经具备了优势。德国战斗机的主要任务仍然是准确打击敌人的重要军事目标。

在第二次世界大战刚开始的时候，和其他大国的空军一样，德国空军同样既没有武器，也没有决心对敌人的平民进行战略性轰炸。杜黑的理论仍然只是在头脑中作祟，让一些专家为之着迷，但更多的人却被吓住而不敢去做。所有被牵连国家的政治和军事的领导层并不认为采用杜黑的理论就肯定能够迅速取得决定战争胜负的胜利，同时对敌人报复性的反击的担心也起了很重要的作用。但是，没有人知道空战升级后是什么结局，所以问题仍然是：谁准备好了逾越怀疑和人道的看不见的界限，去断定战略性轰炸是否是一种能够决定战争胜负的武器？对此，希特勒并不需要耗费太多的考虑，特别是当他了解到，斯大林并不准备为西方势力“火中取栗”。斯大林主动提出的合作建议鼓励了这位德国独裁者解开束缚坦克大军的锁链。

05

大轰炸开始

与第一次世界大战中的空袭以及两次世界大战之间进行的有关激烈争论相比，1939年9月战争爆发后的情况看起来其实并不危险。英国皇家空军虽然一直在紧锣密鼓地为可能发动的对德国的空袭做准备，但他们拥有的488架轻型轰炸机如果从岛上的机场起飞，只能到达德国的鲁尔地区，并且，由于载弹量很低，所以不会造成重大的损失。对德国进行较大规模的空袭则是自杀性的，不仅是因为英国空军在装备和技术方面的不足，而且是因为德国组织严密的防空措施。因此，和法国与德国一样，英国首先也是把空军的作用局限在支持地面部队上。

在1939年9月3日英国首相张伯伦宣布对德宣战后，伦敦的空袭警报就开始鸣叫。像20年前一样，英国人在沟渠里和地铁站里寻求庇护，不过现在他们手里多了一个防毒面具。两个孤独的英国飞行员出于疏忽拉响了防空警报。这暴露出英国防空体系的薄弱，不过，在接下来的几个月里，英国人对自己的防空体系进行了极度的加强。在加强防空时，英国皇家空军还使用了新式的雷达系统。德国人虽然也在研制雷达系统，但首次使用雷达系统的还是英国人在英国东南部建造监视塔的时候。凭借雷达系统，英国人就可以及时发现并反击德国的轰炸机。

1939年9月，“斯图卡”飞行人队的Ju-87向华沙进发。

9月3日伦敦发生的意外事件加剧了因为德国强大精良的军备原本就有的恐慌情绪。纳粹的宣传成功地把戈林的空军描绘得比他当时的实力更加强大和有威胁力。由于纳粹的野蛮残忍，人们相信他们什么都做得出来，从生化武器的使用到对平民进行毁灭性轰炸。所以，如果德国当权者在战争爆发后依照杜黑的理论立即对伦敦进行猛烈的空袭，也并不会令人吃惊。

但这一切并没有发生。对巴黎的毁灭性轰炸也并没有发生。因为德国空军缺乏进行这样袭击的武器——战斗机都集中在东部，为的是能够在入侵波兰的战斗中迅速取得决定性胜利。希特勒已经决定了战略，并且他不会让自己过多受到现代战争理论家的影响。但他详细研究了克劳塞维茨、毛奇、施利芬这些“经典”的军事理论家，并且要在对敌方军队的运动战中寻求迅速决胜。由于斯大林的支持，使得迅速征服波兰变得可能，在希特勒的考虑中，西方势力有可能继续保持被动的绥靖政策，容忍他这一次的扩张。如果西方势力在德军入侵波兰后要发动战争，那么就必须对法国发起进攻，以保证后方的安全，然后去进行根本的战争：袭击苏联。

但无论局势如何发展，这位德国独裁者肯定考虑好了要避免对英国战争出现任何的升级。和英国达成的谅解与他早在《我的奋斗》一书中所阐述的政治计划是吻合的。通过毁灭性轰炸来刺激工人阶层反对当权的、保守的首相张伯伦，这种做法从政治眼光来看是非常荒谬的。毕竟，一年以前，是这位首相和希特勒一起签署了慕尼黑协定。虽然，在此期间，张伯伦已经脱离了他的绥靖政策，但如果希特勒想要和英国谈判，张伯伦还是位适合的谈判对象。这位德国独裁者也很愿意把他与死敌斯大林缔结的令人吃惊的协议换成与张伯伦达成的谅解。希特勒只是想把英国排斥出欧洲大陆，但他并不想毁灭这个世界大国和它的整个帝国。

1939年9月1日，美国总统弗兰克林·罗斯福向冲突各方呼吁保护平民，他的呼吁并非没有引起注意。在实施扩张战争之前，希特勒完全应该考虑到世界舆论的影响，尤其应该让美国保持中立。由于听从了他的几位专家的建议，希特勒决定进行毒气空战来恐吓整个世界，但这却给他的战争计划带来了负面影响。不能忘记：希特勒当时根本不拥有进行这种决战的武器。

但对波兰进行突然的空中袭击，希特勒的武器还是绰绰有余的；波兰的首都处在戈林战斗机的航程范围内。在战争的第一天，德国空军就毫不困难地夺取了制空权，为坦克的前进扫平了道路。对波兰后方进行战略轰炸，不管是破坏敌人的军工企业还是对平民进行恐吓，德军都没有理由这样做。德国只是想占领并充分利用这个国家，这样看来，毁坏波兰的军工企业及重要的基础设施就没有很大的意义了。另外，德军认为波兰军队会马上崩溃，这样，他们紧接着就可以去增援局势危险的西线战场。因此，德军集中轰炸了波兰的军事目标，军事目标的排除能够对战场产生直接的影响。

在战争的第一天，德国空军就轰炸了边境线附近的一系列这样的目标。这其中有波兰的一个步兵师以及一个骑兵旅，这个骑兵旅是波兰人在战争爆发前在波兰小城维仑刚刚组建的。1939年9月1日，小城维仑遭受了两次猛烈空袭，但由于近地面的浓雾，空袭并未击中本来的目标。和格尔尼卡一样，维仑并没有成为有预谋的毁灭性轰炸的牺牲品，虽然轰炸取得了灾难性的效果。但这并不是战略性轰炸计划中的开始。

德国人本来有理由将战争升级，因为1939年9月9日，波兰军队在撤退至夏斯罗地区附近时，为了炸毁一座重要的桥梁而使用了芥子气炮弹，并造成了几名德军士兵的死亡。但德军总司令部经过慎重考虑还是

位于维斯河右岸的华沙近郊的普拉加遭到了德国的空袭，火光冲天。

放弃了进行毒气战。

按照最初的计划，德国空军要在战争的第一天就袭击波兰首都，以摧毁首都郊区普拉加的军事和工业目标。但戈林取消了对首都的空袭，因为袭击目标位于居住区内。在之后的两周内，德军继续执行了这种原则，不轰炸居住区。9月14日，驻华沙的法国武官向巴黎汇报说，迄今为止，德军的空袭只是针对军事上重要的目标。9月17日，苏联红军进军波兰东部，并投入战斗，以确保斯大林能够得到希特勒许诺过的在波兰能够得到的利益。至此，已经部分被包围的波兰军队的命运被注定了，大部分的波兰军队投降。9月23日，已经深入波兰腹地的德国军团后撤到与苏联协商好的维斯杜拉河边上的分界线上。只是在莫德林和华沙还有波兰军队在进行反抗。

波兰首都被武装起来，进行最后绝望的战斗，心中仍然对自己的盟友——西方势力怀着徒劳的信任，认为他们会进行防守反击。华沙处在最前线，5次被要求投降。为了避免巷战和支持炮兵进攻，德国空军于1939年9月24日和25日对波兰的指挥中心和其他军事目标进行了猛烈轰炸。这种轰炸部分具有无区别轰炸的特点，因为德国空军已经把很大一部分轰炸机联队调到了西线，因此在轰炸华沙时，德军再次把运输机Ju–52作为临时轰炸机来使用。这样一来，精确轰炸是不可能的，德军把燃烧弹和一铲铲的煤从飞机的侧门铲出去，这造成了很多起大火。由于偏差，甚至也有德国军队遭到轰炸。德国空军一共投下了486吨炸弹和72吨燃烧弹。一天后，波兰的保卫者共计12万人投降。

和格尔尼卡和维仑一样，对华沙的轰炸也并没有为英国战争宣传的老论调提供支持。英国人的宣传是，德国已经开始了毁灭性轰炸，英国只是反击。波兰的战斗比西班牙的战斗更清楚地展现了空军和陆军的结合作战是最有效的作战方式，使运动战能够继续进行，并迅速决定战争的胜负。

斯坦尼斯拉夫·莱万道夫斯基（Stanisław Lewandowski）是在华沙被包围的波兰军队高射炮炮手。1939年9月他经历了德国空军最猛烈的轰炸。

“战争爆发前，我曾经读过一些研究文章，这些文章认为，一旦战争爆发，华沙这样的大城市是守不住的。因为，要守住这样的大城市，人员伤亡将会非常大。但9月8日和9日，战争刚一开始，德国坦克就已经深入到了华沙西部的郊区，我们没有选择，只好奋起保护这座城市。现在，我还很清楚地记得，我们是怎样用40毫米的炮弹阻挡德国坦克前进的。

“我们的防线不断崩溃，华沙就成了10万多名士兵的聚集地。我自己随军驻在城边，负责我们为数不多的先进的高射炮中的一门。保卫华沙，我们仅仅拥有30门这样的高射炮——这是波兰军队高层的一个笑话和错误。因为，他们没有购买先进的武器，而是组建了14个骑兵团！成百匹死马的肉至少可以让华沙人活下来，不致饿死——这也是这些马全部的好处了。

“德国人向我们的阵地投放传单，上面写着，我们应该投降。但一直到9月中旬，我们还天真地以为，我们的西方盟友，法国和英国会帮助我们。但他们的帮助一直也没有出现，他们躲在他们的马其诺防线后或者是英吉利海峡的另一端，他们是安全的，而波兰不得不孤军奋战。

“在我的记忆中，1939年9月25日是最糟糕的一天：炸弹不停地像雨点般落下：空中水雷、炸弹、燃烧弹——德国把先进空军的整个军械库都用上了。开战三周以来，我们的战斗机飞行员要么已经死了，要么在国外。德国轰炸机在不间断的、猛烈炮火的掩护下，为所欲为。我们那几门高射炮根本起不到作用。我只能眼睁睁地看着处在我们高射炮射程范围外的德国战斗机是如何在低空飞行中，残忍屠杀成百上千逃离华沙的平民的。”

在二次世界大战开始的头8个月，英伦三岛几乎没有受到任何搅扰。德国和英国的战斗机不断攻击的是对方在北海的海军以及海军基地或者是在水域中布雷。在这个过程中，有个别德国飞机落入英国的防空区域。另一方面，圣诞节前不久，一个由24架飞机组成的英国轰炸机联队飞到德国海军基地威廉港进行武装侦察，被德国战斗机击落了一半。所有这些都与以空军的优势为出发点的总体战的预言相矛盾。1939—1940年冬天，不利的天气条件也不利于进行更大规模的这种方式的进攻。这段时间里，双方都沿着莱茵河向即将到来的决战进军，都把空军集中在这一区域。英国空军司令部得到命令，不要采取任何刺激德国进行报复

德国空袭后，一位华沙居民站在被毁坏的房屋前。

反击的挑衅行动。英国人的恐惧根深蒂固，他们担心希特勒会抛开一切束缚和顾虑，下令对平民发动袭击。

在前线，英法进行的是“静坐战争”，或者是“假战争”，只有零星的交火；在德国后方，所谓的弹药危机却愈演愈烈。由于冬天恶劣的条件，运输和煤的供应遭遇了很大的困难：几乎有6000家军工企业短时停工，很多民间企业则必须完全停产。德军的将领们并不信任希特勒的乐观主义，而是让自己做好持久战的准备，他们认为，在最初的几场胜利后，战事肯定会过渡到阵地战。在期望中的“大战役”开始之后，就应该最终进行全面的动员了。一直到1941年春天，兵工厂都在全力生产。为阵地战和攻占堡垒生产弹药而筹措到的原料多于生产坦克的原料。在紧张的工作下，毒气的生产能力也得到了很大的提高。到1941年秋天，毒气产量要达到第一次世界大战中的5倍。

德国后方的这一情况表明希特勒的军队在1940年春天的时候绝对没有把对西方势力的战争计划为闪电战，并不像以前的历史研究所认为的那样。希特勒曾想到，用突然袭击的方法消灭在数量上占优势的敌人的空军，然后像在波兰一样，在法国北部利用飞机为坦克部队炸开一条道路。但他并不能排除这样的进攻失败的可能性，即使是使用化学武器进行区域性封锁。英国远征军拥有足够的毒气弹储备来给英国25%的飞机进行毒气战的装备。虽然双方都不会首先使用毒气，但又都不能信任对方，所以不得不武装自己，为毒气空战做准备。如果战事对德国人有利，则德国人可以完全放弃使用这种武器，因为这种武器更可能妨碍德军的胜利进军。但如果西线的战争拖长，如果英国加强了封锁，而且斯大林抬高了他保持中立的价码，又会发生什么呢？

无论是希特勒还是他的总参谋部都不能排除这种情况的发生；因此，德国的全力战备一直进行到1941年春天，为的是能让自己拥有足够的战略性轰炸机He-177，并且后方具备充足的弹药储备。西方势力当然

Feiger Luftangriff auf Freiburg

24 Zivilpersonen getötet – Fünffache Vergeltung angekündigt

DNB. Berlin, 10. Mai.

Am 10. Mai haben drei feindliche Flugzeuge die offene Stadt Freiburg im Breisgau, die völlig außerhalb der eigentlichen Operationen liegt und keine militärischen Anlagen aufweist, mit Bomben angegriffen.

Die Bomben fielen in der inneren Stadt nieder und töteten 24 Zivilpersonen.

Zur Vergeltung dieses völkerrechtswidrigen Vorgehens wird die deutsche Luftwaffe in derselben Weise antworten. Von jetzt ab wird jeder weitere planmäßige Bombenangriff auf die deutsche Bevölkerung durch die fünffache Anzahl von Flugzeugen auf eine englische oder französische Stadt erwidert werden.

Mit Empörung vernimmt das deutsche Volk den feigen und niederträchtigen Bombenangriff auf die Zivilbevölkerung der unbefestigten und nicht geschützten Stadt Freiburg i. Br. 24 Menschen mußten ihr Leben lassen. Ihr Blut geht auf das Konto der plutokratischen Mörder, die, um ihre Geldsäcke zu retten, ganze Völker zu opfern bereit sind. Deutschland wird darauf die Antwort nicht schuldig bleiben. Bombe für Bombe wird vergolten! Und wenn noch einmal ein feindliches Flugzeug seine Bomben über einer offenen und ungeschützten Stadt abwerfen sollte, wird die deutsche Luftwaffe mit fünffacher Vergeltung antworten. Ueberall, wo die deutschen Waffen in den letzten Monaten sprachen, war Schonung der Zivilbevölkerung oberstes Gesetz! Das war bestimmt kein Zeichen der Schwäche. Wenn die Plutokratien den Krieg gegen die Zivilbevölkerung führen wollen und glauben, daß sie ungestraft diese Freveltaten vollbringen können, so wird ihr Erwachen aus diesem Wahn eines Tages schrecklich sein.

Die 24 Freiburger Opfer klagen an! Mit Schmerz und Teilnahme steht heute das gesamte deutsche Volk an ihrer Bahre. Und wenn ihr Tod unsere Entschlossenheit, ein für alle Mal mit dem Treiben der westlichen Kriegshetzer ein Ende zu machen, noch weiter festigt und bestärkt, dann ist auch ihr Sterben nicht sinnlos und ganz umsonst gewesen.

1940年5月10日，报纸《阿雷曼人》上的一篇文章。

希望德国军队会在马其诺防线上损失惨重。向美国飞机制造公司订货的大额订单应该能够保证法国空军力量的增强，并为反击敌人的进攻做好准备。

双方都做好了准备以对付一切可能发生的情况。在这段时间里，战略性轰炸，甚至是像杜黑所要求的，在可能的情况下使用毒气弹，随时都有可能，尽管双方都还不具备足够的武器。有一点是肯定的，那就是，对平民进行毁灭性轰炸，这个界限不易分清，但除了哈里斯以及几个专家认为战略性轰炸是决定战争胜负的手段外，各国政府和军方都对此持怀疑态度。传统的战争进程当然随时有可能发展到人们把大轰炸作为最后的出路来使用，但谁敢做这个试验呢？

不管怎么样，希特勒没有这样做。当他1940年5月10日开始对法国的进攻时，一次意外事件完全有可能造成战争的升级。当双方成千架飞机在为制空权进行厮杀时，有三架德军飞机在黑森林犯了糊涂，飞行员以

德国空军画报《雄鹰》的一期特刊的封面页。

为飞机下面的是法国小城多尔-塔沃，所以他们向弗赖堡的机场和铁路投掷了6枚50千克的炸弹，造成57人死亡，其中有11名德军。为了遮掩这次尴尬的意外事件，德国马上宣布，法国飞机炸死了德国的儿童，法国向德国的大轰炸开始了。希特勒宣称，对于将来德国受到的任何一次轰炸，德国都要向英国或是法国的城市进行5倍的报复。

纳粹只不过是对世界进行恐吓式的控告。盟军却认为，这位德国独裁者显然不会有任何顾忌去轰炸自己的人民来检验轰炸的效果，并找到借口轰炸西方势力。这听起来很荒谬，却符合德国作为轰炸战争的始作俑者的身份：遭到德国轰炸的城市有格尔尼卡和维仑，现在又多了一个弗赖堡。虽然弗赖堡事件很多年前就得到了历史研究界的澄清，但仍然有很多人认为，弗赖堡是德国有预谋进行的轰炸。

遭受德国轰炸的城市名单又变长了，因为弗赖堡事件之后四天，德国空军轰炸了鹿特丹，并造成了巨大的平民伤亡和财产损失。从战略意义上看，德军攻占荷兰具有非常重要的意义。虽然荷兰军队的抵抗并不顽强，但德军在攻占“荷兰堡垒”，也就是内部的保护区时，还是遇到了困难。港口城市鹿特丹作为防护线的一部分得到了保卫。德军几次要求荷兰军队投降并交出鹿特丹，但都遭到了拒绝。因此，德军指挥部决定，出动空军对这座古城进行轰炸，迫使荷兰军队投降，并交出鹿特丹。

按照海牙战争条款，这样的行动是符合国际法的。就在第一批炸弹要投下去之前，荷兰司令同意投降。但前线的德军没有能够阻止所有的轰炸机。通过信号灯光，43架He-111得以在就要达到目标的时候返航。57架其他飞机却向这座城市投掷了97吨炸药。由于这座狭小的中世纪古城的人口密度很大，所以尽管德军投掷的炸弹数目相对较少，却造成了几乎1000人的死亡。

据英国的宣传称，在此次德军进行的毁灭性轰炸里有3000人死亡。

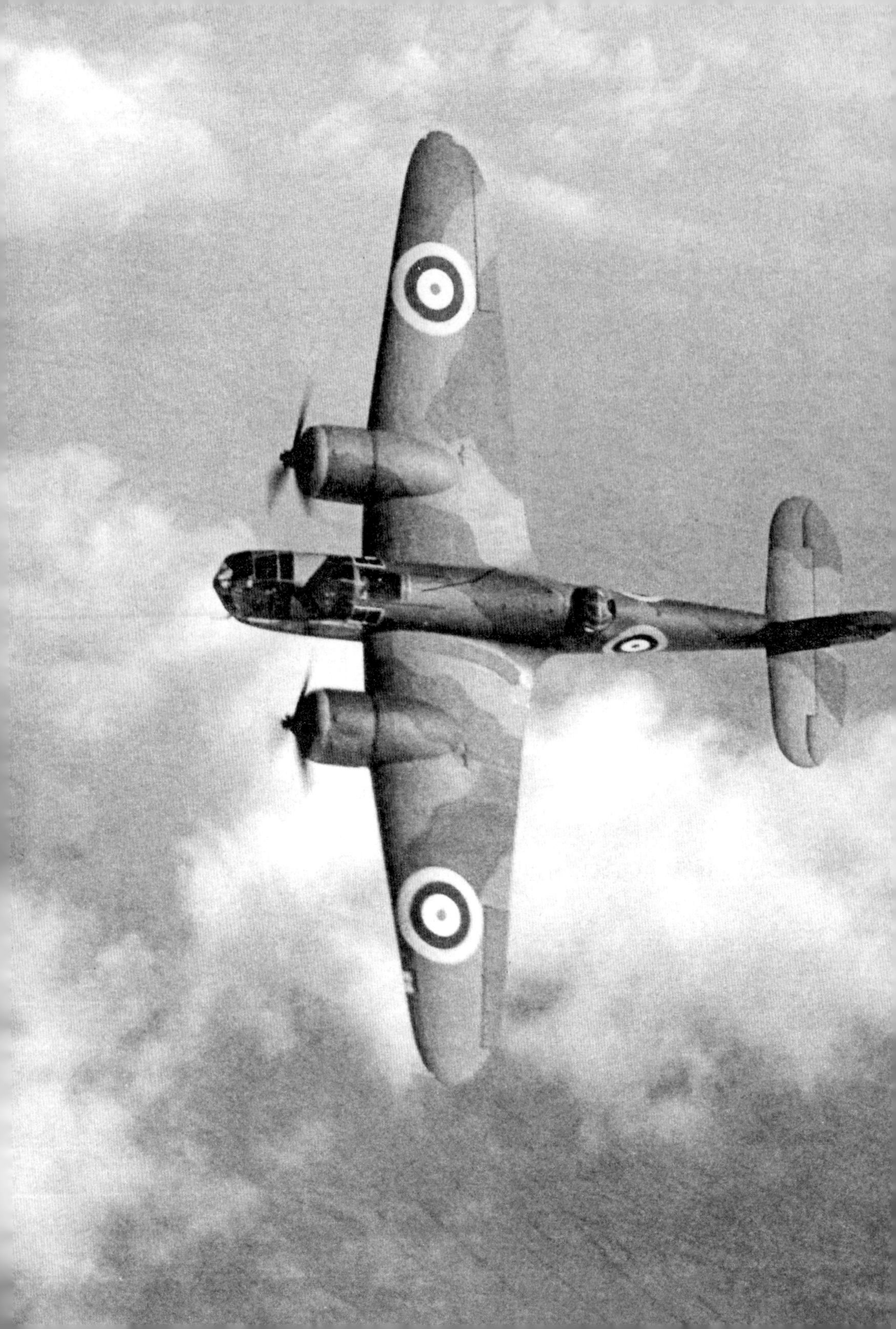

伦敦正好在等待这样的事件发生。1940年4月，盟国在挪威即将取得纳尔维克战役的胜利，但德军于5月10日发动了西线战事，所以巴黎和伦敦不得不把部队从挪威撤出。同一天，温斯顿·丘吉尔上台，丘吉尔决心利用一切手段反抗希特勒。作为海军大臣，丘吉尔早在第一次世界大战中就了解到对德国进行空中进攻的有效性。1917年，对平民进行毁灭性轰炸因不够有效而被他拒绝。战争的首要目标是击溃敌人的军队，而在此过程中，平民的损失及伤亡是无法避免的。现在是结束英国内阁犹豫不决的态度的时候了。5月11日，当德国在为弗赖堡事件而恼怒时，英国决定，准许轰炸机司令部对德国后方进行空袭。

但英国人在等待了几天后才发动攻击。鹿特丹为英国人提供了一个合适的理由。1940年5月16日，英国对德国进行了战略性轰炸。进攻的目标是德国鲁尔区以及德国北部的“军工车间”。这样挑衅性的“针刺行动”当然不能决定战争的胜负。但英国人希望，或许这样的行动能够诱使德国军队像第一次世界大战中那样，把一部分战斗机从前线撤回来，这样就能够减轻盟国在法国同德军争夺制空权战斗中的压力。英国轰炸的是德国的军事和工业目标，为的是不给德国人提供对伦敦进行报复性轰炸的借口，但同时为了防止万一，英国还是把所有的飞机从法国撤回以备保护英伦三岛。

英国的空战战略不具有说服力。5月16日夜对鲁尔区的首次空袭几乎不能被视为是富有希望的。96架双发动机飞机出发前往浓雾遮蔽并且受到强大的防空力量保护的工业区。只有24架飞机最终找到了作为轰炸目标的炼油厂和电厂。6架飞机损失。德国空军曾试图用水雷来封锁港口城市，并且只是在敦刻尔克战役中才较多进入英国领空。

毫无疑问，丘吉尔要为战略性轰炸的开始承担责任。如果不是1940

英国布里斯托尔“布伦海姆”式轰炸机，速度快，航程远。

年5～6月盟国军事上的惨败，英国空军司令部有可能仍然无能为力。至此，对已经下令将军队从法国撤回的英国首相来说，损失惨重但收效并不明显的空袭是唯一能够直接攻击德国并强调自己无论如何要将战争进行下去的决心的方法了。丘吉尔说，只有“绝对灾难性的、灭绝性的狂轰滥炸”才能够使德国人“恢复理智”。他把希望寄托在犹豫不决的美国人身上，因此，他不能让美国人得到这样的印象，即欧洲在为民主的战斗中失败了。1940年7月底，在丘吉尔发给罗斯福的电报中，丘吉尔固执地称，他给了希特勒以“沉重的打击”。

但“沉重的打击”根本谈不上。希特勒正处在他的权力和盛名的顶峰。他成了欧洲大陆的统治者，盟友和中立国企图得到他的欢心，被征服的人惧怕他的独裁。经济资源的增长是如此迅猛，以至于他下令，在德国恢复已经停止的消费品生产，好让他的“民族同志们”享用到战争胜利的果实。他掌握着主动权，可以随时向任何方向发动进攻。英国

1940年5月14日，德军轰炸后的鹿特丹老城区一片废墟。

空军的进攻仍然只是“针刺行动”，只不过由于德国某些地方的装备非常不足，所以在某些被袭击的城市或者是村庄，英国的轰炸显得是毁灭性的。

在柏林进行了胜利阅兵式后，希特勒试图用“和平呼吁”来争取英国，因为他已经把目光投向了东方。对英国人来说，这是最困难、最孤独的时刻。凭借装备很差的本国军队，英国人根本不能够抵抗德军可能进行的登陆行动，而德军已经为登陆进行了准备。丘吉尔已经决定，为了保护海滩，在不得已的情况下甚至使用毒气。当然，皇家海军有强大的武器，在封锁战中它的威力并没有完全发挥出来。德军在占领欧洲大陆后，已经有能力对英国进行反封锁。而另一方面，德国海军由于战斗力较低而不敢越过英吉利海峡。在海战领导层看来，夺取英国东南部以及英吉利海峡的制空权对开展“海狮行动”来说是必需的。

1940年8月1日，希特勒下令对英国开展残酷的海战和空战。但由于他仍然希望英国人能够让步，所以严禁对伦敦和平民目标进行轰炸。如果飞行员违抗这一命令，不管是有意还是无意，都会受到惩罚。对戈林的空军来说，首要的任务是夺取英吉利海峡的制空权。而这已经要求德军动用所有可供使用的力量，因为英国皇家空军进行了顽强战斗。德国的飞机重点袭击了英国皇家空军位于英国东南部的机场、雷达系统以及其他的军事设施。在这一过程中，德国人发现，中型轰炸机He-111和“斯图卡”不能在没有己方战斗机护航的情况下使用，德制Me-109型战斗机的性能比不上英国的“喷火”式战斗机。尤其令德国空军领导层感到痛心的是Me-110型战斗机的失败。这种型号的双发动机飞机是在30年代中期设计制造的，1939年初开始在空军使用。在第二次世界大战期间，德国一共生产了6150架这种型号的飞机。在对英国的空战中，这种飞机损失惨重。后来，Me-110只是作为侦察机和夜间战斗机使用。

德国中型轰炸机在执行攻击英国目标的任务时受到了己方护航的战

斗机航程低的限制，而针对英国的“喷火”式战斗机，德军的战斗机也不能提供足够的保护。不管是小组作战还是大规模出击，德国的轰炸机总要碰到英国准备充分的空中防御体系的反击。对英国战斗机进行的消耗战毫无成效，同样，德军在挪威的推进也没有什么进展。德国战斗机的低航程以及高损耗使德国没有可能攻击英国所有重要的战略目标。英国人利用他们剩下的后方以及世界各地的帝国势力恢复战备并增强自己的军备。这时，德国人缺少有战斗机护航的远程战略轰炸机联队的劣势就表现了出来。但德国空军正在疯狂制造He-177。

1940年8月13日被戈林确定为“鹰日”，大规模的空战打响，为德国的“海狮行动”做准备。在这次行动中，德军共出动了702架战斗机、227架驱逐机、875架轰炸机以及316架“斯图卡”。在战斗的第一天，德军就损失了55架飞机。即使在后来的战斗中，双方损失的飞机数目持平，防卫的英国一方还是占了优势，因为英国的飞行员即使迫不得已还可以跳伞降落在自己的领土里，而任何一架德国飞机的坠毁则必定会导致飞行员的死亡或是被俘。更令德国人感到吃惊的是，英国企业有能力弥补英国空军在战斗中不断的损失，并且能够比德国生产出更多的飞机。不久，英国皇家空军首要缺乏的就是有经验的飞行员，有的时候，就只能用来自其他国家的志愿者来代替。

8月16日，作为反击，英国轰炸机甚至袭击了意大利在都灵和米兰的飞机制造厂——这是对墨索里尼的警告。当时的墨索里尼正在进行平行战争，要把英国人从地中海地区驱赶出去。夺取英国东南部制空权的战斗给双方都带来了惨重的损失，此外，德国战斗机还加紧对英吉利海峡的港口城市以及泰晤士河进行布雷封锁，以破坏英国经济——当然，从德国计划好的登陆行动的角度来看，这种布雷封锁是有问题的。但毫无

1940年，丘吉尔在观察德军在“不列颠空战”中的一次空袭情况。

疑问的是，利用轰炸机对英伦三岛进行海上封锁增加了对英国政府的压力，并且这样的行动没有直接针对平民。

在这样进攻的过程中，1940年8月24日、25日，有个别的德国炸弹落在了伦敦市区——这是第二次世界大战开始以来的第一次。根据当时的报道，这只造成了很小的损失，英国历史学家后来也证实，这只不过是德国飞机的误炸。但对丘吉尔来说，这却是天赐良机，使他能够让英国空军对柏林进行直接轰炸。81架中型轰炸机立即踏上了漫长而又危险的飞行之路。由于天气恶劣，只有少数几架飞机发现了目标；它们造成的损失同样很小。

英国人继续对德国首都进行空袭。英国第二次空袭轰炸了车站旁边的一个居民区，造成10人死亡，28人受伤。在8月30日的第三次轰炸中，

1940年遭空袭后的伦敦圣保罗大教堂。

西门子公司以及它的军工企业被炸。迄今为止，在对英国的空战中，德国空军共损失了252架战斗机和215架轰炸机，几乎是投入战斗的全部飞机的四分之一。

乔治·惠勒（George Wheeler），1940年9月，德国对伦敦进行“闪电战”期间的英国消防员。

“当我1938年底参加伦敦消防队时，我终于实现了我孩童时期就有的梦想；自从我能够思考，我就对火感到着迷。我总是非常羡慕消防队员——我当时还不知道，如果成为消防队员，我将会遇到什么。

“1940年还没有太多的事情发生，尽管我们已经和德国打了一年的仗。1940年9月7日，情况一下子就发生了改变。我当时正好在我父母家。我父母家在格林威治（现译格林尼治），公园的旁边。下午的时候，空袭警报响了起来。以前警报也经常拉响。但这次的警报并不是错误的警报。丽莉，我后来的妻子，从伦敦东区白教堂消防站给我打来了电话。她在那里当接线员。‘乔治，你得马上到消防队来。情况很紧急，’她在话筒里激动地喊道。‘德国人的大型轰炸机联队正在朝伦敦飞来。’我立即冲出家门。半路上，我看到很多人在向天空看。我也跟着他们的目光朝上看去。这时，我看到：几百个小黑点，正从泰晤士河河口方向飞过来。当第一批炸弹落下时，我已经到了泰晤士河上的塔桥。炸弹首先击中的是河边的码头：250千克的炸弹，500千克的炸弹，还有像小电话亭那么大的空中水雷。爆炸发出的巨响难以描述。我左躲右藏，心中暗暗祈祷，可千万别有炸弹是为我准备的。最终，当我跑到消防站时，我简直吓傻了；一发重磅炸弹就在消防站前边爆炸了，把整个街道都炸上了天。消防站所有的门，还有窗户都被炸飞了。我冲向丽莉的办公室。她坐在地上，在哭，怀里抱着一位垂死的同事。那位同事的背上，扎了好几块很大的窗玻璃。爆炸发生时，他正好站在窗户前。

“我马上就被派出去，收集这个区里其他消防战的情况。

“现在，我们有了大火，但我一点也不觉得这样的大火吸引人。在路上，我平生第一次看到了死人。在战争开始的时候，我们在街道上和公园里建造了防空洞，厚厚的砖墙，混凝土筑成的20厘米厚的房顶。可是，有一枚炸弹把砖墙炸飞了，厚厚的混凝土屋顶就砸在了那些在里面躲藏的可怜的人身上。我们统计不出到底死了多少人，因为他们的尸体堆在一起，难以辨认。在这一天，我发誓：再也不进防空洞！而现在，我仍然活着！”

英国则损失了359架飞机，数量上略小于德国。有趣的是，德国所使用的炸弹种类与数量；8月份，德国向英国投掷了4447吨炸弹，但只有191吨燃烧弹。但自格尔尼卡战役后，德国人就很清楚，只有多使用燃烧弹才能造成大面积的破坏。戈林的空军遵守了希特勒的命令，他们的行动局限在对军事上的重要目标进行精确打击上。

飞机载弹量的不足和命中率的低下使英国空军司令部不能够真正相信，凭借这样的空袭就能够削弱德军的战斗力，破坏德国的“生活中心”或者是动员德国民众反抗纳粹统治，甚至推翻纳粹政权。英国政府的压力要大得多，即便是本国民众直接的损失几乎还没有显现出来：迄今为止，对德国境内军事和经济目标进行的轰炸并没有收到明显的效果，而且德国的军工生产也没有被明显削弱。就是可供英国使用的飞机数量也不足够达到那样的效果，即使在个别情况下，英军的轰炸也能造成德国重大的损失——在1940年5月20日的行动中，英国轰炸了位于格尔森基尔欣的世界上最大的煤气罐。对基尔的轰炸致使重巡洋舰“欧根亲王号”推迟四周使用。对明斯特附近的多特蒙德—埃姆斯河上桥梁的轰炸妨碍水上交通达数周。但整体而言，伦敦空军部认为轰炸结果是令人失望的。不过，对德国首都进行的这种“针刺行动”所造成的心理方面的影响却不可低估，在这一方面，与德国民众所受的影响相比，希特勒所受的影响更大。

“在对英国的空战中，我们的主要任务是为我们的轰炸机护航。但在战争开始之前，空军领导层里好像没有人考虑过，护航究竟应该怎样进行。那些人都是从第一次世界大战中过来的。在他们看来，战斗机飞行员应该是单兵作战的英雄。

“我们有两个非常严重的问题：轰炸机飞行员和战斗机飞行员之间没有无线电联络！这就是说，我们不能够和对方进行对话协商，这使我们之间的配合行动非常困难，甚至经常会给我们飞

乌尔里希·施泰因希尔佩（Ulrich Steinhilper），1940年“不列颠空战”中的德国战斗机飞行员和Me-109飞行员。

行员带来死亡。因为没有无线电联络，所以我们战斗机就必须在不管在什么情况下，紧紧跟随轰炸机。这样，就出现了第二个问题：我们的飞机，也就是Me-109的航程比轰炸机的航程低得多。我们的航程刚刚够我们飞到伦敦，再飞回来。我们根本不能够和英国皇家空军快速的‘喷火’式战斗机进行对抗。有一次，我几乎失去了整个战斗机小组。那次，Ju-88轰炸机联队飞往很远的地方执行轰炸，而我们必须跟着他们。返航的时候，我只能眼睁睁地看着我们一架又一架飞机跌落到海里。海水冰冷，而且波涛汹涌，只有两名飞行员被海洋紧急救护队打捞出来，其他19名飞行员牺牲——只是因为他们驾驶的飞机油箱空了。”

英国人对柏林的夜间空袭令人厌烦，同时，它破坏了德国宣传部门所勾画的德国在政治和军事上不可战胜的光辉形象。这些空袭行动表明，戈林的防空措施并不能把所有的轰炸机都阻挡在柏林之外。这位现在被任命为“帝国元帅”的空军司令曾经自我吹嘘过，不会有一枚敌人炸弹落在鲁尔区，现在看来，他过于漫不经心和轻率了。对此尤其敏感的是希特勒，他在柏林共遭受5次英国空袭后的表现表明，他感到自己的威信受到了挑战。

降落在德国首都的炸弹还可能有难以估量的外交上的影响。如果盟国或是中立国的代表在他们的家乡听到相关的报道或者是世界的媒体传播了这方面的消息，那么每一条这样的消息都会提醒人们，英国并没有屈服，虽然现在它在孤军奋战，反抗着“第三帝国”。即使在夜间袭击柏林的英国飞机的数目很少，但它们会让人记起，德国人在对英国的

1941年4月，德军猛烈轰炸后的伦敦。

大空战中并没有取得决定性的胜利，与此同时，英国人的飞机却时不时地小小教训一下来犯的还在建设中的德国飞机联队。每一次高射炮在柏林市郊的猛烈开火都在表明，战争还在继续，英国人在地中海取得了胜利，意大利人不得不收敛了很多。

对德国人来说，落在柏林的为数不多的炸弹是他们在谋划袭击苏联时的一个心理上的干扰因素。它们提醒着德国总参谋部——尽管他们充满自信——存在着两线作战的危险，而两线作战是希特勒早在《我的奋斗》一书中就已经指出的，是德国在第一次世界大战中犯的致命性错误。落在柏林的炸弹会鼓励希特勒最重要的战略伙伴斯大林不断提高合作的价码。斯大林可以一枪不发就扩大自己的地盘，不受任何干扰地大力加强自己的军备。

希特勒突然着急开始为袭击东方做准备，这并不奇怪。这样，正如他在他的将军们面前为自己的进攻计划所辩护的那样，他可以同时击碎英国的“大陆之剑”。现在支撑着丘吉尔继续反抗德国的就只有对苏联的希望了，希望苏联能够干预希特勒。如果德国使丘吉尔的希望破灭，德国同时也就占领了巨大的经济资源，这些资源能够使德国在任何时候都无懈可击。依靠庞大的“东方梦想”，德国可以继续“大陆之战”。

约瑟夫·戈培尔因为任德国宣传部长和柏林行政长官而受到讨厌的炸弹袭击的双重折磨。他在他的日记中披露了希特勒和他的领导层的焦躁情绪。他们急切盼望着英国人投降。柏林的每一个弹坑都加强着这种怀疑的情绪，德国人不再相信战争真的快要结束了从而可以制订战后的计划了，而事实上，工业、军事以及党卫队的人已经开始着手制订战争结束后的各项计划了。在英国对柏林进行了五次空袭后，希特勒失去了耐心。1940年9月4日，他在柏林体育馆发表演说时失去了自制力，宣布对英国进行报复。他起誓，要让“这些夜间海盗停止恶劣的行径”。

希特勒在1940年9月4日的演讲：

如果英国空军投下了2000千克，或者3000千克或者4000千克炸弹，那么我们现在要在一夜间向他们投下15万千克、18万千克、23万千克、30万千克、40万千克、100万千克的炸弹。如果英国人宣称，他们要大规模轰炸我们的城市，我们就要把他们的城市彻底摧毁！

但英国人并没有罢休。1940年9月7日夜间，英国炸弹再次在德国首都爆炸之后，希特勒下令立即对伦敦展开大规模的报复性行动。丘吉尔的处境令人绝望：一方面，他希望，只要政府态度坚决，防空措施正常运行，这次德国对英国的轰炸能够像第一次世界大战中的轰炸一样增强英国人反抗的决心；另一方面，如果宣传巧妙，就可以给英国人民和世界人民传达这样一个印象，在格尔尼卡和华沙之后，德国又对伦敦进行了毁灭性轰炸——即使德国的这种报复性轰炸是符合国际法的，因为德国想通过轰炸迫使英国人放弃远程轰炸。

06

德国对英国的“闪电战”

1940年9月7日，德国战斗机不仅袭击了英国的机场，而且出动了大约300架飞机对伦敦进行了目标明确的攻击。开始是为了报复，但由于英国猛烈的反击，德国需要新的战术。为了避免向英国的战斗机挑战，从而导致在激烈的战斗中遭受巨大损失，德国人并没有攻击英国皇家空军的基地，从而导致是希望轰炸英国的首都能够达到相同的目的。当戈林的空军决定，不让已经遭受沉重损失的德国战斗机联队对英国的雷达站、飞机场和指挥中心发动袭击，而是对防卫最为严密的伦敦发动袭击时，德国空军犯下的也许是他们最严重的错误。德国对泰晤士河边上的这个巨大的目标发动的每一次空袭，最终都会使英国加强防空措施，而与此同时，德国造成的港口地区和船坞的大火以及德国对伦敦政府和商业区、车站设施及周边居民区的轰炸却不能为德国人带来任何好处。相对说，轰炸造成的破坏局限在较小范围内，而组织有效的救助措施避免了民间的巨大损失。

9月15日成为“不列颠之战日”，成为争夺制空权的关键。德国轰炸机联队试图利用大编队对伦敦作战求得突破，但这次突破最终变成了激烈的空中交锋。在战斗中，德国损失的飞机数（56架）是英国的两倍

（26架）。英军的防空毫不动摇。在这种情况下，希特勒只好推迟“海狮计划”，首先集中精力准备来年春天对苏联的袭击，然后再回过头来——如果必要的话——重新对付英伦三岛。

爱德华·菲奈斯爵士（Sir Edward Fennessy），雷达发明者沃森-瓦特的同事。雷达的发明决定了“不列颠空战”的胜负。

“没有雷达，我们肯定会输掉‘不列颠空战’，对于这种说法，我丝毫没有怀疑。因为，如果我们的战斗机不能够相当准确地对来犯的德国轰炸机和战斗机进行反击的话，德国军队早就轻松获胜了。战争爆发6年前，我们只不过在多佛附近安装了几个大型的反射镜，用于对飞机进行远程声学定位。这些反射镜的有效距离不过20千米。空军部门的一位年轻科学家就此写了一份报告，并下了这样的结论，如果我们不能够想出更好的方法，我们将输掉下一次的战争。当时正好有一个巧合，那就是，出现了关于‘死亡射线’的谣言。谣言称，德国人将利用这种射线轰下我们的飞机，这种射线甚至会把飞行员给烤熟。当时，沃森-瓦特正在研究高频技术，因此，他得到了一项任务，即验证这些谣言的可信度。我们把无线电辐射对准来犯的飞机。在这一过程中，我们发现，飞机会反射这些射线，并且示波仪上会相应产生信号。

“第二次世界大战结束以后，我结识了原德国空军情报首脑沃尔夫冈·马提尼将军。我们成为好朋友。但令我吃惊的是，他告诉我，他的上司——戈林元帅—— 一直到1942年都没有认识到，或者是不愿认识到雷达的重要性。他甚至反对德国空军出动轰炸机破坏我们‘家乡战线’之上的雷达站。马提尼曾为此请求过戈林，但戈林却认为，那些雷达站并没有什么用。对1940年的我们英国人来说，这真是一种幸运，因为，如果德国不是一个独裁专制的国家，如果那些领袖们有自知之明，而不是认为他们的聪明才智无人能敌，那么，我们的处境就会非常艰难了。”

在对付英国的问题上，希特勒寻求的军事上的决定性胜利并不是要将对方完全消灭。对他来说，并不是生与死的决斗——但对丘吉尔来说却是生死存亡的事情。因此，在后来的几个月里，这位德国独裁者在军事上保持防守的姿态，只是在英国军队向前推进或是英国对德国势力范围的边缘地带进行进攻时，才有所反击。但在政治上，希特勒却采取了攻势，希望通过三国条约的签订和日本的加入，在远东地区对英国施加压力。与法国和西班牙的谈判以及对巴尔干地区的外交攻势都应该能够增强德国的影响力。同时，与苏联进行的关于新的经济合作的谈判以及苏联可能加入三国条约，这些都是政治活动的一部分，为的就是使伦敦丧失信心，把英国从欧洲大陆驱赶出去。只是，他的盟友意大利的固执行为迫使希特勒把一部分兵力抽调到北非并对希腊开战，以在军事上支持墨索里尼，使他不至于出丑。

如果希特勒按照杜黑的原则行事，孤注一掷，那他应该很容易就取得对英国的胜利。在英吉利海峡前线指挥轰炸机作战的是空军司令格洛尔特，他曾于1925年在摩洛哥尝试过空中毒气战。他完全能够给英国人的机场、兵工厂和平民居住区以致命的打击。而丘吉尔利用毒气对柏林进行突然袭击的可能性几乎没有，根本不用放在心上。除了担心世界舆论的反应外，希特勒应该是出于对自己民众的顾虑才没有采取这样的行为。处于胜利所带来的亢奋中的德国人盼望着战争很快结束。如果战争进程进入到极端的轰炸战，则肯定会带来人民情绪的低落，并且会影响

1940年秋天，一架He-111飞过泰晤士河弯道，执行白天轰炸伦敦的任务。

到正在进行中的对东方战役的准备。

因此，希特勒有充足的理由，不必过于匆忙地对英国这个唯一的敌人进行致命的打击。他更希望英国能够屈服，因此，他并不希望英国遭受灾难性的打击而成为一片废墟或者是整个英伦三岛被毒杀。他仍把英国人视为进行全球战争的潜在的盟友。如果是这样的话，每击沉一架英国的战舰或者是航空母舰，对可能与美国进行的战争来说，实质上意味着不可挽回的损失。虽然德国海军已经在扩建自己的力量，但在他们能够凭借自己的巡洋舰队征服世界海洋之前，还要等待很多很多年。政治上与伦敦达成谅解就能够为希特勒“最后的胜利”以及最终的世界霸权扫清道路。如果德国能够夺得英国首都的制空权，那将是一个转折点。但是，“喷火”战斗机保卫着伦敦的领空，并把德国轰炸机的每一次飞行都变成了死亡之旅。但如果德国空军放弃，势必会颜面扫地。因此，交战双方把自己的进攻保持在相同的水平上，不过，双方都更加避免在夜间出动轰炸机。

在希特勒推迟登陆英国的计划后，1940年9月17日夜，568架德国轰炸机向伦敦投掷了684吨炸弹和36.6吨燃烧弹（一共1019个“燃烧箱”，每一箱装有36个1千克重的燃烧弹）。炸弹和燃烧弹的这种比例使得伦敦的消防队员能够控制住火情。第二天夜里，德军进行了同样的空袭。对于这两次空袭，英国空军在6天后出动了119架中型轰炸机对柏林进行了轰炸，以此作为反击。但由于天气恶劣，只有48架飞机到达了目的地。英国轰炸机仅造成了很小的损害，并炸死了这座有百万居民的大都市的22名居民。同样，英国空军在第二天夜间对柏林进行了第二次空袭，却与德国对伦敦的侵袭相遇。戈林的轰炸机向伦敦投掷了256吨炸弹，再次超过了英国人的“成绩”。

整体而言，在1940年9月，“不列颠空战”的高潮期，德国人向伦敦投掷的炸弹数量是英国人向柏林投掷的炸弹数目的20倍（分别是7260吨和390吨）。英国平民的死亡数从7月的258人、8月的1075人急剧上涨到9月的6954人。但希特勒在9月初发出公开的威胁，要把英国的城市“彻底摧毁”，无论如何却并没有成为现实。虽然有无数的炸弹落在了伦敦，但这座大都市里重要的设施并没有被彻底破坏，同样没有被破坏的还有人民的信心。在柏林，虽然人们认为英国人投下的炸弹令人恼火，但在同一时间里，由希特勒最喜欢的建筑师阿尔贝特·施佩尔所率领的建筑部队为了柏林的新规划而拆掉的房子比英国人夜间空袭炸掉的房子还要多。由战俘组成的建筑大队进行清理工作。在英国人开始地毯式轰炸并进行移动射击之前，他们的主要工作是修理破掉的窗户玻璃和房顶——这表明了1940—1941年德国因空袭而造成的损失并不大。

在希特勒发出“彻底摧毁”的威胁后不久（这种威胁或许被敌对国家的宣传视为“礼物”），空军总参谋长耶舒恩内克立即建议，对英国的居住区进行针对性轰炸，以造成英国民众的巨大恐慌。但希特勒秘

一架德国Ju-87从伦敦返航。

密拒绝了这一建议。只要有对战争重要的目标，那么就应该轰炸战争目标，而不是平民居住区；这总是“最重要的”，因为如果轰炸居民区，就会有不可替代的东西被破坏。这一原则同样适用于伦敦，所以德国空军应该集中力量轰炸“对战争重要的”目标以及城市里重要的设施，包括车站。“对纯粹的居民区进行毁灭性轰炸”，希特勒说，他对此持保留态度。这是“最后的施压方法”，因此“现在还不要用”。

“元首”可以认为，只要他给出命令，空军就可以做好准备进行毁灭性轰炸。在摩洛哥、西班牙、波兰以及荷兰，耶舒恩内克都没有碰到大规模的反抗，同时，敌人也不可能对柏林进行报复性的毁灭性轰炸。显然，英国皇家空军在1940年秋天对帝国首都柏林进行的微不足道的轰炸并没有给耶舒恩内克留下深刻的印象。一切只取决于希特勒，他需要作出决定，而他当时并不想进行针对性的毁灭性轰炸。他完全有理由把这“最后的施压方法”保留到他占领“东方的生活空间”和He-177远程轰炸机投入使用后的某个时间，如果英国人仍不屈服，不愿和他分享这个世界的话。

“我们都非常非常年轻，我们从空战中得到了很多的乐趣。正相反，我从未感到紧张。我的战友们在天空里飞行时老要用无线电设备寻找无线频率，这让我很烦。在我看来，这一切并不像战争，而只是一场游戏。我们必须明白，和德国战斗机进行战斗是一件快得令人难以置信的事情。这一切的一切都发生在一瞬间，我们是击中敌人还是被敌人击中，在很大程度上要取决于运气。

“在1940年8月和9月里那些炎热的日子里，在空战的高潮阶段，我们有时候要连续作战一整天。整个英国因为担心纳粹的入侵而全部调动起来。但所有的人都想保留一部分正常的生活。我永远也不会忘记，在肯特郡上空的一次战斗中，我被击中了，我竭尽全力，才降落在一片刚刚收割过的庄稼地里。飞机在降落的时候折断了，我被甩在了一丛很高的灌木丛里，周围长满了野葡萄藤。我费了半天劲，才从驾驶员座舱里爬了出来。葡萄藤紧紧地缠在我的制服上。肩膀上背着降落伞，飞行员制服上挂着葡萄藤，我摇摇晃晃地穿过田野，走进一小片森林。然后，我听到了人的声音。在一棵大树下停着一辆奥斯汀汽车，旁边的垫子上坐着一家人，他们正在野餐。

杰拉尔德·斯泰尔顿（Gerald Stapme Stapleton），“不列颠空战”中“喷火”式战机飞行员，参加过对德国战斗机的空中搏杀。

那个小男孩的手不断向上指。我顺着他手指的方向，看到在我们头顶的天空里，飞机在高空飞行所产生的凝结尾气画出了凌乱的图案——我的战友们还在和Me-109进行殊死搏斗，而这家人却在观光郊游。那位女士很有礼貌地递给我一杯茶，我也很彬彬有礼地表示了感谢。然后，我们一起坐在垫子上，看着天空，一直到搜寻队找到我。”

1940年10月，英德双方以不同的力量继续着交火。德国人对伦敦的空袭次数减半，但仍投下了与上个月数量几乎相同的炸弹，不过燃烧弹的数量却减少了一半（7160吨炸弹，170吨燃烧弹）。在英国于10月8日夜出动30架飞机对柏林进行了迄今最猛烈的空袭并造成25个平民死亡后，德国空军的报复在一周后以10倍还多的猛烈程度降临到英国的首都。作为回应，英国人则对德国北部城市进行了零星的夜间轰炸。

到10月底，英国的被轰炸死亡人数已达15000人，是英国在整个第一次世界大战中死亡人数的10倍。德国的死亡人数大约为1000人。渐渐地，这种空战发展成为一种灾难，交战的一方希望能够尽快取得胜利，而交战的另一方则意识到，这种试验将开启地狱之门。英国空军新任总参谋长查尔斯·波特尔爵士在此期间已经部分地放弃了他原来的看法，那就是，“无区别的恐吓战术把平民的伤亡作为目标”是“愚蠢的和不经济的”。根据英国内阁10月30日的决定，虽然按照常规要对军事目标进行进攻，但人们也完全应该让这些目标周围的德国人民感受到战争。波特尔爵士决定，开展新一轮进攻，出动100架飞机对距离较近的大约30座城市进行轰炸，以最终摧垮“德国人的反抗意志”。

11月的头两个星期是相对的平静期，双方的注意力都转移到了政治舞台上。对战争至关重要的罗马尼亚的油源引起了希特勒特别的忧虑。如果英国进攻东部地中海地区的军事基地，就会对他向苏联的秘密的进军产生很大的影响。因此，德国加强了在这一区域的高炮部队和轰炸部队的力量。罗马尼亚不久前刚刚由于希特勒的维也纳仲裁裁决而把大片的土地割让给了匈牙利，现在又愈来愈陷入德国的战争泥沼。

1940年11月12—13日，苏联外长莫洛托夫访问柏林，希特勒想借此增大对伦敦的政治压力。但使他特别感到尴尬的是，在他对战争局势进行了吹嘘的、乐观的描述后，由于空袭警报，他不得不邀请他的客人到防空洞里去。与苏联外长的会谈毫无结果，但在第二天的夜里，戈林的空军对英格兰中部的军工业中心，英国空军装备的心脏地区考文垂进行了大规模的轰炸。位于考文垂市中心的17家工厂无疑是重要的，同时也

1940年11月，德军猛烈轰炸后的考文垂。

OWEN OWEN

是合法的目标，这一点，后来英国人也承认了。但由于军工企业和平民住宅区特别紧密地结合、交织在一起，所以，一开始，平民的伤亡较大就在意料之中。又加上戈林的轰炸机大队更喜欢较安全的夜间攻击，而夜间攻击依照当时的技术水平是不可能进行精确轰炸的。把居住在工厂附近的工人视为重要的战争目标的一部分也是符合当时的观点的；冷静的实用性是最高标准。如果想阻碍或者至少是尽可能地迫使对方推迟重建以及被破坏的工厂的重新开工，那么工人就必须是轰炸的目标。如果要进行纯粹的毁灭性轰炸，制造恐怖，那么有其他“更容易”的目标可供选择。

如果戈林曾下令“毁掉考文垂这座城市”，那么德国轰炸的目标应该是市中心，而不是军事上重要的军工目标，并且在进攻的时候，不应该对平民有任何的顾虑。不过，对考文垂的轰炸是德国第一次进行有计划的地毯式轰炸，他的敌人——英国对这次轰炸的过程和效果进行了详细的研究，作为直观的教具，为以后对德国城市进行轰炸做准备。

德国的空袭在傍晚时分开始，13架He-111飞抵考文垂上方，投下了一捆捆的小型燃烧弹，用来“照亮”目标。由于不断有燃烧弹投掷下来，原来零星的火堆变得越来越多。半夜的时候，主力部队终于出现，交替投下中型和重型炸弹，工厂的厂房以及附近的房屋被炸毁。然后，继续投下的燃烧弹会把已经成废墟的厂房和房屋彻底烧光。紧接着又有后续的轰炸机小组继续轰炸直至黎明，遏制英国的防空并阻止灭火工作。最后，德国人导演了一出地狱般的景象，他们投下了具有强爆炸力的薄壳空投炸弹以及带有警报装置（“耶利哥”）的50千克炸弹，“耶利哥”所发出的尖利的警报声报告着这座城市的毁灭。最后返航的德国飞机报告说，考文垂的市中心已经是“一片火海”。带有定时引爆装置的炸弹在几天后还在继续造成救护队伍以及幸存平民的伤亡。

449架飞机一共向考文垂投掷了503吨炸弹和31吨燃烧弹。这个规模与对伦敦的一次平均水平的大型轰炸持平，然而，燃烧弹的比例提高了5倍，不过，在投掷总量里甚至不到20%。一共有554人死亡，865人受伤。这次轰炸的结果甚至德国人也感到吃惊和可怕。根据后来英国历史学家的研究，德国准确轰炸了工厂并重创了所有重要的目标。

格哈德·贝克尔（Gerhard Baeker），He-111型和Ju-88型轰炸机飞行员，参加了对伦敦和考文垂的轰炸。

“我们当时和轰炸德国城市的英国飞行员有相同的问题。我们的瞄准器在夜间几乎发挥不了任何作用，因此，我们不得不依赖燃烧弹，燃烧弹会标明目标的位置。我们得到了严格的命令，不能轰炸居民区。但是，对于由5~6架飞机组成的轰炸机队来说，经常并不能避免人们今天所说的‘间接伤害’。例如，在对伦敦的轰炸中，我们沿着泰晤士河轰炸码头，但我们的炸弹也落到了伦敦东区。

“在考文垂，兵工厂和居民区连得非常近，而且互相交错，因此，我们根本不可能区分军事目标和民间目标。希特勒和戈林大肆吹牛，炫耀‘考文垂’胜利——这正好给了英国宣传一个斜传球。我参加了8月底和10月对考文垂的轰炸。我们得到的命令绝不是要毁灭这座城市。我1990年到考文垂游览做客，当地人给我讲起在那次轰炸中死亡的500人——这当然很悲惨，但这并不能够与汉堡大火造成的35000的人死亡相提并论。”

就军事而言，对考文垂的轰炸是一次“完全的胜利”，即使后来英国的空军军备企业很快从这次袭击中重新恢复过来。但考文垂并没有像戈林所吹嘘的那样被消灭。受到轰炸的地区占整个城市面积的十二分之一，市中心全部的街道以及两侧的房屋被烧光。但在政治上和宣传上，德国却遭到了失败。英国媒体成功描绘出一副可怕的毁灭性轰炸的景象。例如，世界著名的教堂的被毁就清楚地表明了轰炸的可怕。作为报复，英国轰炸机司令部获得了战时内阁的批准，发动了代号为“浅黄色使女”的行动，对德国的大城市进行了首次集中的地毯式轰炸。依照战略要地的名单列表，英国于1940年12月16日及17日轰炸曼海姆，造成34人死亡。

考文垂的景象尤其震动了美国的公众，在美国，罗斯福刚刚再次当选总统并准备给丘吉尔以更加有力的支持。对英国人来说，考文垂也成为德国“闪电战”、1940年秋天不列颠空战的代名词。对此，甚至德国方面后来的宣传也作出了贡献，因为他们不断地说要对英国的城市进行“考文垂”式的轰炸来报复英国人。1940—1941年，希特勒认为，他的空军所拥有的恐吓能力已经足够强大，他的强大和优势地位使他不必要去彻底毁灭敌人。话语和图片所带来的公众影响力和震慑力已经可以取代炸弹了。

自1940年春天，就有一部名为《火的洗礼》的影片在德国国内外的电影院放映，这是一部受德国空军部委托，根据波兰战场的原始底片制作出来的剪辑片。伴随着展示燃烧着的华沙的图片，是德国飞行员们胜利的歌唱：

我们飞往维斯河和瓦尔塔河，
我们飞往波兰！
我们重创他们——敌人的军队，

用闪电、炸弹还有火焰。
我们对英国雄狮
进行最后的决战！
我们作出审判。一个世界帝国灭亡了。
这是我们最为骄傲的时刻！

战友！战友！所有的姑娘都得等待。
战友！战友！口令我们都已经知道：
向敌人进军/向敌人进军！轰炸英格兰！
你们听，摩托在歌唱：向敌人进军！
你们听，摩托在歌唱：向敌人进军！
轰炸！轰炸！轰炸英格兰！

在一部同样是这个时期拍摄的故事片里，德国在这场不列颠空战中的惨重损失被掩饰了。德国的战斗机在朝着英格兰飞行，群情激昂的德国飞行员一边大笑着投下他们所装载的带来死亡的炸弹，一边唱着：

我们是空中的轻骑兵，
“斯图卡”，“斯图卡”，“斯图卡”。
随时准备着，接到命令就出发，
“斯图卡”，“斯图卡”，“斯图卡”。
我们从空中冲出，我们发动进攻。
我们不怕地狱，我们绝不放弃，
一直到敌人灭亡。
一直到战胜英格兰，战胜英格兰，战胜英格兰，
“斯图卡”，“斯图卡”，“斯图卡”！

艾琳和鲍勃·切尼（Irene und Chainey），工厂工人，制造了第一代英国大型轰炸机。

鲍勃：“‘考文垂闪电战’的那天晚上，我正在进城的路上，要把一封信交给我在邮局工作的哥哥。但在我回来，到艾琳那里去的时候，炸弹就雨点般落了下来——真的是有几百个炸弹直接落在了市中心。虽然每家每户都有防空瞭望哨来扑灭大火，但着火的地方实在是太多了。我骑上自行车，尽可能快地向老城边上跑去，因为艾琳在老城边她姑姑的家里等我。房里一共是8个人，因此，不能所有的人都躲在楼梯间里。在当时，如果哪户人家没有防空洞，空袭时就会躲在楼梯间。所以，我和艾琳，还有她的叔叔跑到了房子前面。我们用我们从公司得到的钢盔保护自己。另外，我们还都带上了防毒面具，因为，人们都说，纳粹会投掷毒气弹。离我们不到20米远的地方，是一门40毫米高射炮，它的巨响并不能使我们平静下来。半夜时分，市中心的天空红彤彤的，透过成团的浓烟，可以看到一轮满月——这真是‘轰炸机月亮’，我们就是这么称呼它的：它为德国飞行员提供了绝佳的夜间能见度。大约6点或7点的时候，我们听到了警报解除的信号。”

艾琳：“我穿过还冒烟的废墟，向教堂那里跑去。但当我跑到那里时，我不由痛哭失声。整个教堂就只剩下了外墙还立在那里，其他的已经全部变成了废墟。主教告诉我，他还有三个帮手曾试着将那些燃烧弹从房顶上扫下去。但有部分燃烧弹掉在了木质的中层顶上，而那里他们是没有办法进去的。因此，教堂才最后才燃起了了熊熊大火。

“归根到底，我们并不能指责德国飞行员，因为紧挨着教堂的就是‘胜利’兵工厂，厂里生产全部的军用飞机零部件。在市中心，居民的房屋之间，到处都是小型的军工企业。因此，德国轰炸机进行了无区别轰炸。”

对1940—1941年的希特勒来说，没有任何理由来让他在公开场合扮演正派人物的角色，为必须限制大轰炸来传经布道。如果他自己后来要采取这“最后的手段”，那么这时的传经布道只会给他自己带来麻烦。迄今的成果已经清楚地表明，虽然与第一次世界大战相比，德国的轰炸已经明显升级，但对英国的士气以及反抗的力量并没有产生可观的效果。对于1940—1941年冬天继续进行的对英国的夜间轰炸又能够期待什么呢？不管怎么样，希特勒和他的空军领导层们已经不再认为，迄今对英国的军工企业和重要的设施进行的轰炸会取得决定性的成果。不过，至少可以肯定，这些轰炸还是对平民的态度产生了间接的影响。

在希特勒1941年2月6日作出的“对英作战指示”中，这样的轰炸的效果被认为是难以估算的。德国空军的损失惨重，所以重要的是，不要在进攻苏联之前，就在对英国的战斗中过早消耗宝贵的空军战斗力，而是要利用针对性轰炸给敌人造成尽可能大的损失。破坏敌人的补给供应成为重点；这意味着要轰炸敌人的港口和运输船，不过，和以前那样，仍然要轰炸敌人的空军工业。希特勒在他的指示中还提到，不能“期待通过对居住区进行有计划的毁灭性轰炸来取得决定性的胜利”，他可能是想利用自己再次作出的指示来防止有人提出这种建议。

1941年4月，德军向贝尔格莱德投掷燃烧弹。

但可以肯定的是，英国在1940年6月就开始了对德国的战略性轰炸，英国人借此首先想达到的是政治上的目的。英国轰炸机司令部早就不具备足够的力量利用这种方式来取得决定性的胜利或者是重创德国的军事以及军备潜力。英国人进行的是挑衅性的毁灭性轰炸，但这些毁灭性轰炸却由于英国人所处的正当防卫的地位而找到了辩解的理由，至少算防卫过当。英国人没有其他直接进攻希特勒的机会，英国人只有一种可能，那就是，向世界展示他们反抗的决心和意志。如果在这种令人绝望的境地里，丘吉尔拥有更强大的力量，特别是拥有很多的四发动机轰炸机，那么丘吉尔肯定会使用——或许甚至希望，迫使德国独裁者屈服并摧毁德国民众的信心。至于德国方面的行动，根据后来英国对德国的空战文献资料的检查也表明，德国空军1940年9月7日至1941年5月16日的进攻行动绝没有被计划为针对平民的毁灭性轰炸。亚瑟·哈里斯在他的回忆录中就明确指出，德国人在1940—1941年并没有利用轰炸的机会，通过大规模投掷燃烧弹摧毁英国的城市。同样，美国空军司令亨利·阿诺德1941年4月的伦敦之行的印象也是，大多数的德国炸弹轰炸的是军事上和经济上重要的目标，例如，车站、信号塔、电站、桥梁、工厂等。但由于炸弹爆炸飞散的范围很大，所以平民的居住区也受到了很大的破坏。

通过这种方式，德国空军的轰炸完全具备了系统性地毯式轰炸的特点。除了伦敦，还有很多其他的城市遭到了严重的破坏，并造成了21000人死亡——绝对保护平民的“临床上干净的”大轰炸，德国方面并没有做到，但大家所担心的可能出现的世界末日善恶的决战也并没有出现。在1941年初对伦敦居民进行的一份问卷调查里，有一个问题是，目前什么最令人心情沉重，伦敦人回答道，天气最令他们心情沉重。德国人的轰炸占第二位。

但是希特勒对轰炸平民的限制性态度并非出于伦理道德或者是国际法方面的考虑，这一点在1941年4月6日得到了证实。在遮遮掩掩准备对苏联进军的过程中，南斯拉夫的政治局势出现了令人吃惊的复杂化。为了保证未来的东部前线后方的安全，这个中立国已经被迫加入了德意日三国条约。但贝尔格莱德却拒绝德国军队行军通过。德军本来计划派一部分军队参与意大利与希腊的战争，以对抗英国人日益增强的影响力。

但英国人却支持塞尔维亚民族主义军官发动政变。希特勒立即根据形势改变了战略，并且准备发动闪电战，一鼓作气把巴尔干半岛从贝尔格莱德到雅典全部置于自己的控制之下。

但贝尔格莱德的政变军人政府在4月6日突然与莫斯科签订了友好条约，形势的发展似乎要不受他的控制了，这位德国独裁者不由暴跳如

1941年4月6日，德国空军轰炸后的贝尔格莱德宫。

雷。原本就有的对塞尔维亚人的偏见激起了他的仇恨，他下令立即对南斯拉夫发动进攻。首都贝尔格莱德应该被夷为平地（"惩罚行动"）。这一次，德军是有意造成震惊效果，这样就能够迅速征服无人指挥的南斯拉夫军队。484架"斯图卡"轰炸机的轰炸拉开了战争的序幕，这些轰炸机不分白天夜晚对这座城市开展了一轮又一轮的轰炸。因此，贝尔格莱德为德国空军自格尔尼卡起开始书写的罪恶清单又加上了一笔。

尽管如此，认为贝尔格莱德的轰炸是纯粹的毁灭性轰炸的说法也是站不住脚的。因为，对第4轰炸机联队下达的轰炸命令在最后一分钟被更改成为只对市区重要的军事目标进行轰炸。德国轰炸机一共投下了218.5吨炸弹，其中有大约10%的燃烧弹。炸弹击中的主要是政府所在地，例如，王宫和重要的军事目标，如指挥部、电报部门以及电厂和军营等。当然，在市中心和城市西北部德国的轰炸也造成了大面积的破坏。为什么投掷了17枚具有强爆炸力的薄壳空投炸弹——和考文垂轰炸的情况一样——迄今也没有人能够解释。对死亡人数的估计在1500~30000之间摇摆。

但这次轰炸针对的绝不是一座没有设防的城市，有人曾这样宣称，同时，依照当时的国际法，"更高的目标"，即迫使南斯拉夫军队投降也将这次轰炸合法化。顺便提一下，英国人在一天后轰炸了保加利亚的首都索菲亚，这次轰炸虽然没有阻止德国向希腊的进军，却能够震慑保加利亚政府。在英国轰炸机进攻保加利亚城市的同时，作为回应，德国立即出动了11架战斗机轰炸了希腊东南部港口比雷埃夫斯。

1941年春天，交战双方在1940年9月开始的对敌人的首都以及重要的军工中心进行的相互轰炸仍在继续，但没有根本的升级。德国空军在1940年冬天出动了共500架飞机对英国的城市进行了8次较大规模的轰炸。作为报复行动，英国对德国进行了5次轰炸，每次出动不到100架轰炸机。到了1月份，德国把轰炸次数减少到7次，每次出动100~200架轰炸机。英国平民死亡1550人，伤2021人。英国人在地中海地区和北非受到了很大的牵制，还没有进行反击。英国军方内部对于使用宝贵的轰炸机进行战略轰炸仍像以前一样争论不休。随着战事的发展，要求空军对海战或是地面战争提供战略性支持的呼声越来越高。英国轰炸机司令部在2月中旬才再次对汉诺威、不来梅和威廉港的军工目标进行了一系列较大规模的进攻。189架中型轰炸机对汉诺威进行的轰炸是英国皇家空军迄今最大规模的轰炸。德国人的反击只不过是对威尔士南部港口城市斯旺西进行了两次较为小型的轰炸。

在空袭鹿特丹时，英国人首次尝试使用了新式的四发动机“斯特灵”式重型轰炸机，这种轰炸机的使用使轰炸机载弹量明显提高。四周后，“哈利法克斯”式轰炸机成功攻击了德国鱼雷艇基地勒阿佛尔。这种近距离作战能够避免像轰炸柏林那样的远距离作战带来的损失。这种夜间轰炸机很快就成为英国轰炸机司令部的核心机型，在第二次世界大战中，英国一共生产了6000多架这种型号的轰炸机。1941年3月31日，英国空袭埃姆登，并首次投下1枚1.8吨的巨型炸弹。现在，德国人终于尝到了错误决定的苦果，德国空军领导层因为技术上的原因而推迟了原本计划在这个时候投入使用的重型远程轰炸机的研制工作。

英国轰炸机“哈利法克斯”。

1941年4月，德国再次加强了对英国城市的轰炸，共进行了几乎一样的大规模轰炸，造成了6131人死亡，几乎同样多的人受伤。在过去的几个月里，平民伤亡人数的规模与4月份的差不多。4月中旬，伦敦遭受了德国最猛烈的两次轰炸，德国每次出动的轰炸机大约为600架，投下了1000吨炸弹和150吨燃烧弹。因为，德国人宣称某些轰炸只是报复性行为，所以丘吉尔在1941年4月18日的一份政府声明里特别强调，英国皇家空军不视自己的轰炸为报复行为。在将来，英国可能在任何时候袭击德国城市，甚至即使德国空军不再轰炸英国。对作出这份声明有决定意义的是，丘吉尔认识到，德国要把自己的部队对准东南部和东部。德国人进攻苏联的准备没有瞒住英国人。1941年5月10日和11日对伦敦的最后的较大规模的空袭被德国人再次宣布为报复性行动，因为英国皇家空军在两天前出动了359架轰炸机对德国进行了猛烈的轰炸，主要是针对汉堡和不来梅。对此，德国空军的回应是，出动507架轰炸机轰炸伦敦，造成1212人死亡，1769人重伤。

在以后的三年时间里，这是德国对英国首都进行的最后一次大规模轰炸。因为即将到来的苏联的冒险之旅，德国人更愿意让西方“安静”一些。“元首的代表”鲁道夫·赫斯飞往苏格兰，希望能够达成停火。1942年3月，希特勒再次拒绝对伦敦实施毁灭性轰炸，因为只要从他那方面来说，还不能够“对西方实施毁灭性打击”，他就不愿意给英国提供任何轰炸德国城市的借口。推迟并不意味着放弃，并且由于德国远程轰炸机的制造停滞不前，放弃空中战争的升级也就容易理解了。

1941年初期，英国皇家空军第92中队的飞行员们紧急冲向飞机，迎击来袭的德国空军。该中队参加了“不列颠空战”的最后阶段，英军当时已经开始在法国上空展开攻势。

反击

盟军的轰炸进攻
（1941—1943）

07

英国人在空战中开辟“第二战场”

对英国人来说，德国轰炸的逐渐减少甚至没有给他们带来难得的喘息机会，但在喘息的时候，他们并没有放弃出动更多数目的轰炸机对德国进行战略性轰炸。德国在英吉利海峡以及德国本土防空力量的削弱，改善了英国取得突破的前景。英国人并没有指望苏联红军能够进行较长时间的抵抗，而是做好了准备，在德国取得东部战场胜利后，不得不重新独自反抗德国军队。对丘吉尔来说，这比一年前法国沦陷时候的情况还要糟糕；因为，凭借着广阔的东欧丰富资源的支持，英国即使出动最新式的四发动机远程轰炸机也不再能够破坏德国的军工生产。因此，丘吉尔千方百计想加强斯大林抗敌的决心。

以下出自丘吉尔于1941年7月8日写给斯大林的私人信件：

我们将尽一切力量帮助您……我们的空军不分昼夜对所有被德国占领的地区，甚至德国本土进行猛烈进攻，所有地区，只要我们的空军能够到达……我们会继续这样做，并且希望利用这种方式迫使希特勒把他的一部分空军调回西线，这样就能够逐渐减轻您的国家的压力。

对英国来说，一切的希望都寄托在了美国的帮助上。美国的储备几乎显得是无穷无尽和不可战胜的。希特勒对伦敦的猛烈轰炸造就了无数惨烈的照片，这些在电影院被观看的图片不仅让美国公众甘愿帮助处于困境的英国人，而且让美国人感到自己也受到了威胁。罗斯福1941年5月4日下令，把重型轰炸机的产量提高到每月500架。这是英国1941年全年的产量！虽然，迄今为止，在公开场合，美国总统总以和平使者的角色出现，并支持世界舆论对人轰炸进行谴责，但对纳粹的仇恨还是让他做好了准备，在迫不得已的情况下使用这种可怕的武器。

早在1938年，在与部长们进行的一次秘密谈话中，罗斯福就语惊

1941年8月，签订完大西洋宪章后的罗斯福（左前）和丘吉尔（右前）。

四座。他认为，张伯伦应该在慕尼黑会议期间就派轰炸机到德国去，好让希特勒恢复理智。显然，未来空战的恐怖场景一直在他的脑海里挥之不去。因此，当阿尔伯特·爱因斯坦，世界著名的物理学家，来自德国的移民，在1939年向美国总统提出警告，说希特勒可能马上会拥有核弹时，他的意见被仔细倾听。罗斯福对谣言和可疑的说法特别敏感，这些谣言和可疑的说法证实了他对高傲、粗鲁的“条顿人”以及他们在科学上的才能及无所顾忌的偏见。1939年10月，罗斯福的估计吓倒了他所有的部长们，罗斯福说，德国将会研制一种高空炸弹，这种高空炸弹可以在天空中停留三天时间，并且攻击不同的美国城市。

苏联防空兵在莫斯科，大约是1941年10月。

他言之凿凿，说德国空军有能力只用一颗炸弹就毁灭曼哈顿的一切。实际上，人们可以很容易就辨别出这些谣言真正的内容核心：不过是德国在铀研究技术上的领先地位，以及德国人老掉牙的想法，用齐伯林飞艇和大型飞机攻击美国。罗斯福真的是高估了德国人，不过，他作出的决定是正确的，他装备了美国这个民主的精神中心，使美国能够应付潜在的危险。

同时，他的情报部门在1940年和1941年也犯了错误，它们把德国的飞机产量说成了实际产量的几乎4倍。但美国和德国的情况不同。美国人没有任何困难，可以让大型的工厂开足马力全天候进行生产，而德国由于劳动力、机器和原料的匮乏，每天只能生产一班。德国1941年的生产能力也并不像华盛顿所顾忌的那样，德国根本没有能力生产出12000架远程轰炸机。如果德国人真的拥有这样一支强大的轰炸机大队，那么，希特勒肯定会利用它来迫使英国屈服。同时，这样一种震慑性武器也能够阻止美国参战。但美国情报部门想象中的数字至少保证了制造重型轰炸机的资金投入。1941年8月，当德国军队显得马上要取得东线的“最终胜利”时，罗斯福有时甚至认为重型轰炸机是唯一能够战胜希特勒这个暴君的武器。而纳粹趾高气扬的胜利宣传尤其令他怒不可遏，他认为，必须对德国“每一个小的城市”也进行轰炸，“把战争带到德国人的家里去”，来击垮德国人的意志。

因此，英国历史学家理查德·奥韦瑞认为，没有罗斯福和其他重要政治家的支持，轰炸机根本不会成为西方战争的一个决定性因素。在这一方面，丘吉尔也起到了推波助澜的作用。在他给罗斯福的信件中，他一直坚持，要对德国实施“不间断的和不断升级的轰炸”。但是，如果不是斯大林要求开辟第二战场，罗斯福和丘吉尔可能已经向军方让步，把轰炸机作为陆军和海军的辅助工具来使用了。因此，轰炸之所以发展成为战略性空战，并非是由于军方的考虑，而是因为政治方面的促进。而平民则不顾军方的强烈反对，同意国家使用这种代价昂贵但威力强大的武器攻击对方的平民。

无论是作为平民还是作为政治家，希特勒都没有什么根本的顾忌。不过，在1941年春天，他还是考虑了军方的顾虑，虽然他宣布要冷酷消灭布尔什维克主义，但他还是把计划中的大规模屠杀犹太人的任务交给了希莱姆的党卫军。这种分工虽然在后来并没有得到严格的遵守，但德国军队的任务基本上仍然是为夺取“东方的生存空间”创造条件。其他的机构负责犹太人以及其他民族的迁移或是灭绝。

空战作为一种选择，希特勒并没有忘记，但他在自己的战略里，却给予坦克军团以最大的优先权；“斯图卡”要为坦克军团扫清道路，中型轰炸机He-111要在战场上掩护它们。在战争的头几年，德国独裁者的坦克军团是不可战胜的“神奇武器”。那么，迄今还无人实践过的战略性空战对他又有什么用呢？这只不过是未来战争的设想，就好比大规模杀伤性武器、远程导弹，还有能够毁灭一切的超级炸弹。对于这种超级炸弹，希特勒不能置之不理，但他确实并没有抱着太大的兴趣来关注它的研制。显然，作为“统帅”、第一次世界大战中曾经的二等兵，计划坦克推进或是保卫战更令他感到愉快。

“对我和我的战友们来说，这一切都好比一次巨大的冒险。我们的军官经常这样教导我们：‘作为一个士兵，你就不能这样想，或许这个任务由一匹马来完成更好，因为马有一个大脑袋。士兵就必须多动脑筋。’我听取了军官们的教导，在我的轰炸机上很是动了一番脑筋。在执行轰炸波兰的任务时，为了提高‘斯图卡’打击敌人士气的功效，我们不仅在飞机上安装了警报器，而且在炸弹的尾部也固定上了由厚纸板做成的小哨子，这些小哨子也能够发出震耳欲聋的噪声。但在我们对波兰和法国进行的闪电战结束之后，‘斯图卡’

特奥多尔·普劳特（Theodor Plote），“斯图卡”飞行员，参加了对波兰的空战和“不列颠空战”。

的辉煌很快也就不复存在了。在对英国的空战中，我们损失了85架‘斯图卡’。Ju-87的速度太慢了，时速每小时只有300千米，因此，它根本没有办法与英国快速的‘喷火’式战斗机相抗衡。最后，我们的飞行员只能用低空飞行的办法拯救自己，他们飞行的高度距水面不过10米，因为，这样的话，敌人的战斗机就不能发现他们。但经验丰富的飞行员的大量伤亡却是我们承受不了的。后来，在所有的战场，我们都缺乏有经验的飞行员。”

在东部战争开始两周后，希特勒向陆军总参谋部传达了他的“最终决定”，要把“莫斯科和列宁格勒夷为平地”。这难道标志着他的想法有了明确的改变，准备对平民发动毁灭性轰炸了吗？无论如何，他说的并不是空战理论意义上的毁灭性轰炸。空战理论宣称，无区别的地毯式轰炸是结束战争的方法，英国人和美国人也这么认为。希特勒认为，德军已经在头几次的边境战役中大获全胜，苏联马上就会崩溃了，因此他认为，正规战争马上就可以结束。对他来说，列宁格勒和莫斯科是布尔什维克主义的中心，因此他要把这两座城市夷为平地，这样能够“防止有人留在城里，到了冬天我们还得养他们”。

准确地说，在希特勒的命令中，首要的并不是要杀害那些有可能逃往东部然后会在广阔的东部悲惨死掉的“多余的吃饭的人”。希特勒在这种情况下提到的“民族灾难”是指在象征意义上毁灭布尔什维克主义的中心。

但在这之前，必须击溃苏联红军。红军仍然拥有世界上最大的空军大队以及无数但大多是老式的远程轰炸机。戈林的空军续航力有限，最多能够进攻苏联西部地区的目标。因此，红军空军有大片德国攻击不到的后方地区，后方有大型的飞机制造厂，而对那些飞机制造厂的生产能力，德国的一个代表团在1941年4月刚刚进行的一次“友好访问”中已经领教过了。德国空军手边所有的轰炸机都进入了战备状态，准备进行“巴巴罗萨”行动。德国另外有大约三分之一的飞机分散在其他战场上，从挪威的北角到西班牙边境以及地中海。

由于在过去12个月里对英国的持续空战，德国空军耗损惨重。当时飞机的生产刚刚能够补充损失掉的飞机。在突袭苏联不久前，为了让飞行大队重新拥有较多的能够投入战斗的飞机，德国人不得不日夜修理无数受到破坏的飞机。通过这种方法，德国空军在东部战争开始的时候才拥有了和1939年9月2日的数量几乎相同的飞机（分别是3687架和3572架）。过去两年生产的飞机都在对英国的空战中被消耗掉了。

仅仅从1940年6月至1941年5月，总共损失的飞机数量就达4153架。对英国的空战使德国空军付出了昂贵的代价，这是在敌人那里造成的损失所不能弥补的。德国对英国的“闪电战”的主要意义在于政治上的作用，因为斯大林因此而被希特勒欺骗，没有认清希特勒的意图。德国和英国之间的空战使得戈林的空军在1941年6月22日不能够以双倍的力量进攻苏联，而且还有更多：由于丘吉尔不肯屈服的态度，德国空军不仅损失了一半力量，而且在剩下的飞机里，还有1800多架受英国牵制，而不能进攻苏联。我们可以这样推测：如果英国在1940年夏天向希特勒妥协，戈林的空军在1941年6月22日不是仅仅出动3687架飞机，而是9640架飞机，那么，这无疑意味着苏联很快就会灭亡。

德国在东部战场的制空权

由于实力被削弱，所以德国空军必须争取通过突然袭击，尽可能在战争的第一天就夺得苏联的制空权，并把苏联红军驻扎在西部地区的飞行大队消灭在地面上。被作为轰炸机使用的双发动机的Do-17、Do-217和Ju-88拥有的最大推进距离为500~600千米，常规轰炸机He-111的最大推进距离为870千米。这已经足够覆盖到几乎莫斯科了。在取得制空权后，空军要为陆军，特别是坦克部队扫清道路。在重点区域，“斯图卡”和战斗机要以成群的方式对敌人进行猛烈轰炸。但由于它们的最大航程为250千米，它们不得不停留在战场上方，同样的还有Me-109型战斗机，它最多能向前推进180千米。由于航程较近，这些轰炸机不得不在没有战斗机护航的情况下出战。如果苏联空军的基本实力得到保存，或者苏联能够弥补战争之初的损失，那么德国轰炸机甚至连苏联中部地区的战略目标都不能轰炸。

在战争的头四周，德国的闪电战再次取得了巨大成功，和一年前对法国的战争一样顺利。1941年7月底，这种战术的效果达到了极限。因为敌人在东部并没有放弃，而是不停地从广阔领土的腹地调集新的资源，战争拖延了下去，德国军队的损失也越来越大。德国军队准备着

“去与死神殊死搏斗，去胜利”。只有凭借着空军的帮助，部队才能够继续前进，但由于补给的道路越来越长，天气情况越来越差，所以德国军队前进的速度逐渐慢了下来。战斗机越来越频繁被用来对陆军直接进行支持。这样，到处都缺乏空军力量：封锁大面积的战场需要空军，轰炸军事目标和军备设施需要空军，阻止敌人过桥或是沿铁路线活动也需要空军。但最严重的一个不可能是，德国不能阻止苏联大型军工企业的撤离。

这给斯大林创造了机会，使他能够拯救无比重要的军工生产企业。为此，他下达了有时候毫无意义的死守命令，牺牲掉了整军团的红军，凡后退的军队都被苏联情报机构（NKWD）毫不留情地击毙。尽管如此，还是有成千上万的红军士兵投降。但由于对战俘的残酷、对平民的屠杀和冷酷，德国人很快就失去了这个民族对他们的些许好感。有人提出要节制的意见，认为宽恕、善待平民更能够导致敌人崩溃，但德国独裁者对这样的意见置若罔闻。他继续对平民实行恐怖统治，妄图散布畏惧和害怕，以此来巩固自己的统治。

“巴巴罗萨”行动在1941年8月初进入关键阶段。对闪电战来说，时间紧迫。希特勒没有听取将军们的意见，而是决定暂时停止对莫斯科的进攻，把精锐部队投入到对乌克兰的战斗中。他把占领敌人的“经济力量源泉”放在了首要位置，而没有优先考虑“经典”的军事行为，即通过占领敌人的首都来结束战争。“元首”对于占领莫斯科的兴趣要小于占领乌克兰。通过这个决定，他已经做好了打持久战的准备，并把贪婪的目光投向了乌克兰的麦田、矿山以及高加索地区的石油。对于莫斯科作为这个庞大帝国的政治、军事和经济中心的重要性，他作出了完全错误的判断，在他看来，这不过是“一个地理概念”。但事实上，首都同时也是织起铁路网的“蜘蛛”，而通过铁路网可以调动一切行动。同时，不言而喻，苏联首都莫斯科肯定拥有和伦敦、柏林一样严密的几乎不能透穿的空中防线。

对于当时纳粹高层的期望，外交部长约阿希姆·冯·里宾特洛甫的说法特别有代表性。他在1941年6月17日的一次秘密会议上表示，在战胜苏联后，德国并不需要害怕可能发生的对英美的战争。“我们用潜艇和飞机进攻他们，用世界上从没有人见过的巨型高炮防卫自己。当然，我们也会有损失。”

因此，当韦纳·冯·布劳恩（1912—1977）1941年8月20日在元首官邸向希特勒介绍火箭时，希特勒突然对这种武器表现出了极大的兴趣。德国军方因为觉得很快就要取得最终的胜利，而否定了这种火箭武器。但这位独裁者却认识到了这种武器的革命性意义，并且认为仅仅制造几千枚火箭是愚蠢的。“如果我们要在战争中使用火箭，那么每年必须生产成千上万枚，还要能够把它们全部发射出去。”这种设想能够很快让“元首”兴奋起来，但这种兴奋往往来得快，去得也快。

苏联空军很快从最初在前线附近遭受的毁灭性打击中恢复过来。他们的远程飞行大队拥有1500多架飞机，凭借这么强大的力量，他们原本足以向德国城市发动猛烈的空袭。但这些飞机绝大部分都是老式的飞机，并且分散在后方，而且由于指挥的机械死板，这些飞机很容易就成为德国战斗机的战利品。

苏联远程轰炸机对柏林进行的零星轰炸几乎仅仅具有象征意义。他们飞过波罗的海，成功绕过德国的空防，抵达德国首都。1941年8月8日，13架苏联飞机轰炸了柏林北部。它们轰炸了工厂，并向工人居住区投了传单——它们遵照了战略性轰炸的原则，就像第二次世界大战之初英国人所做的那样。但德国工人并没有因为传单而奋起反抗纳粹统治。1941年夏天，苏联在德国投下的为数不多的炸弹并没有给德国带来对毁灭性打击的恐慌。

这样的轰炸一直持续到9月初；不管是对于德国人民的情绪，还是对于德国的军工生产，这样的轰炸都没有产生任何影响。但这个时候，有少数几架苏制四发动机飞机Pe-8投入了使用。其他几个大国在30年代中期也研制了这种飞机。和德国人一样，在研制这种飞机时，苏联人在发动机方面遇到了问题，因此，莫斯科决定，先小批量生产这种飞机——在这个问题上，斯大林和红军是盯住德国这个榜样的。1941年，苏联人费尽九牛二虎之力，才勉强阻止了德国坦克军团和“斯图卡”的联合进攻——苏联人缺少战斗机。随着德军不断向前推进，苏联远程战斗机如果要轰炸德国的战略目标，就必须飞越越来越远的距离，才能到达目的地。

同时，这种推进又方便了戈林的中型轰炸机对苏联的城市和战略目标进行轰炸。在东部战场开始四周后，德军向前推进的距离已经使空军能够对防卫森严的苏联首都进行轰炸。1941年7月22日夜，195架德国轰炸机首次轰炸莫斯科。但由于莫斯科有大约1000门高射炮和600架飞机的保护，德国空军未能深入到莫斯科市中心。像在贝尔格莱德和伦敦

德军轰炸中的比亚利斯托克。

斯大林防线上遭到破坏的工事，从一架德国战斗机上拍摄而得。

一样，政府所在地，这里当然是克里姆林宫，是最重要的目标。莫斯科的空防虽然有能力防卫大规模的轰炸，但对个别飞机或是轰炸小组的突然袭击它们却没有办法对付，并且这种突然袭击还分散了苏联空军的兵力。不过，个别德国轰炸机突入莫斯科并未给莫斯科造成大的损失，甚至不能进行地毯式轰炸。因此，德国的轰炸几乎没有收到任何效果。

10月初，德军发动了对莫斯科的地面进攻，并且德国空军在接下来的8周时间内，对莫斯科进行了35次较大规模的轰炸，但情况并没有得到改变，空袭仍然没有收到大的成效。10月中旬，莫斯科出现了恐慌情绪，但与其说这是由于德国的轰炸，还不如说这是因为前线传来的炮声。在斯大林决定留在莫斯科后，他开始组织莫斯科保卫战，并准备进行战略反攻。德国军队早就筋疲力尽，在恶劣的天气情况下，非常艰难地向前推进。最后一次进攻的目标也并不是攻进城去，尽管有小部分先头部队已经到达了莫斯科城下。1941年11月，德国更想占领莫斯科南边的军备重镇图拉，并借此大范围包围苏联首都莫斯科。但最后证明，图拉是攻克不下的堡垒，筋疲力尽的德国军队陷在莫斯科北部和南部的雪地里，不能向前推进一步。

在这种情况下，没有什么比使用轰炸机完成毁灭莫斯科的任务并消

韦纳·冯·布劳恩（右前方）和上校瓦尔特·德恩贝格，自1941年起负责火箭武器的研制，该照片是1942年在佩内明德首次成功发射A-4火箭之后拍摄的。

除冬季作战对德国的不利因素更好的方法了。但当已受到重创的陆军部队需要空军进行进一步的轰炸时，空军却已经开始把精锐部队从前线后撤。德国空军想整修轰炸机，好在地中海战场对付英国人：英国人在北非击退了隆美尔的进攻，并给德国和意大利在南部的战事造成了很大的困难。

在占领列宁格勒的战役中，德军也经历了失败。饥饿封锁和连续炮轰虽然造成了大火、破坏和平民的死亡，但这座城市并没有投降，德国的零星轰炸自然也不能让列宁格勒投降。德军甚至不能彻底封锁列宁格勒。因此，苏联仍然有渠道得到供给，而且苏联兵工厂甚至在受到炮击的情况下，继续生产武器和弹药。因此，德国陆军总参谋部军需主任接到了任务，看是否可以大规模使用毒气弹这种最后的杀手锏（正如杜黑所建议的）来一举击溃这座城市。但结果却令人沮丧：搞到足够的毒气弹就需要至少6个月的时间。这个时候，停战是必需的，但没有人提出，希特勒当然更不会。另外，德国空军是否有能力实施这样的进攻，本来就是个问题。

东部战场上，德国空军因为作战行动、技术和后勤供应问题而损失惨重。与1939年9月相比，1941年底，德国空军只剩下大约50%的飞机可供使用（2107架）。自1941年6月起，德国空军已经总共损失了几乎3000架飞机，而与此同时，新飞机的制造生产却停滞不前，尽管东部战争一开始，戈林就竭尽全力把所有的原料都集中在空军军备上，试图将飞机的产量翻倍，甚至提高三倍。在此期间，德国的军工生产疲于应付军队的订单。在战争的第三个冬天，供应情况不断恶化，德国人的情绪开始低落，人们变得忧心忡忡。德国报纸上阵亡士兵的人数在不断急剧增加，世界变得越来越灰暗。人们不再相信纳粹的胜利宣传。战争什么时候，又怎样会结束？不仅德国民众，就连希特勒和他周围的将军们也要问自己这样的问题。美国的参战已经是指日可待，尽管不情愿，但对

1918年的记忆却越来越真切。

这时，斯大林突然在莫斯科发动反攻，德军在1941年冬天的处境一下子艰难起来。在恶劣天气条件下，大范围的后撤以及大量的伤亡已经在所难免。在那些天里，肯定会有人联想到拿破仑从这个国家败退的场景。德国空军的力量虽然已被削弱，却不得不到处充当“消防员”的角色，把增援部队和冬季装备从德国本土运送过来。德国人再次痛心地感受到了缺少战略轰炸机的不利，因为如果德国军方拥有战略轰炸机大队，就可以不受距离的限制，沉重打击敌人部队的集结以及敌人的军需路线。但事实是，在此期间，对方却没受到德国空军的任何干扰，而是神不知鬼不觉地把后续部队从远东地区和高加索地区调动了过来。

在这种危险的境地，德国的盟友日本突袭珍珠港，拉开了对美作战的序幕。希特勒对战略力量作出了灾难性的错误估计，他认为这能够减

燃烧弹和炸弹摧毁了列宁格勒并在1941—1942年炸死了好几千人。

轻自己的压力。日本的陆军和海军纵横几千千米，在军事上取得了巨大胜利。太平洋战场很快就开始了耗费时日的力量较量，决定战争结果的是海军和空军的联合作战。航空母舰这时就起到了关键性作用，因为它能够运送几百架飞机到很远的距离进行战斗。但在接下来的三年里，航空母舰还不能够把美国的远程轰炸机运送到能够对日本本土、日本军工生产或者日本的首都进行轰炸的距离。1942年4月18日，16架B-25中型轰炸机对东京的轰炸更多的是具有象征意义。它们从一艘挺进很远的航空母舰上起飞。但由于航程太低，它们根本不能够返航。11名飞行员在敌人的土地上跳伞，4架摔机着陆，只有一名飞行员来到了相对较为安全的苏联土地上。而反过来，日本人也根本没有至少到达美国西海岸的机会。日本人仅仅是放了几个气球，撒了一些传单，希望能够影响美国民众。1942年5月9日，日本轰炸机轰炸了英国人占领的印度东部的吉大港。但太平洋地区战略性轰炸的开始还是要等到美国进军到日本防护区

苏联远程轰炸机Pe-8执行轰炸柏林和柯尼斯堡的任务。

的核心地带才开始。无论如何，战略性轰炸能够成为战争的重要因素，但还不是决定性因素。

希特勒对美国宣战，想借此鼓励日本；他肯定希望，日本会尽可能长地把美国拖在太平洋战争中。但华盛顿却有另外的计划。盟军很清楚，摆在他们面前的道路漫长而又艰辛。轴心国还远没有被打败或者是至少被抑制。轴心国绝对有能力采取主动，更疯狂地把它们本来就没有被耗尽的力量投入到战争中去。事实上，德国、意大利和日本的军工生产并没有被触动，并且大部分的军工企业都处在盟军飞机的航程之外。他们的军队拥有丰富的作战经验，因为自己的作战能力而趾高气扬，并且确信自己必胜。戈林的空军也是如此，尽管战争以来他们已经遭受了损失和耗损。

如果更加仔细地研究战事，就会发现，尽管苏联红军发动了令人吃惊的反攻，但对于希特勒的德国军队来说，他们绝不是势均力敌的对手。苏联残存的军工企业虽然远远处在德国轰炸机的航程之外，但他们的军工企业需要盟军物资的大力支持。即使德国有时能够截获盟军护航队保护下的运往摩尔曼斯卡的物资，但德国却不能阻断盟军通过德黑兰和远东地区向苏联运送大批物资。因为日本希望苏联在太平洋战场保持中立，所以盟军的原材料和军需物资能够不受任何阻拦，源源不断地运往海参崴。但苏联红军仍然不能证明自己有能力对抗德军的“神奇武器”——“斯图卡”和坦克的联合作战。摆在苏联红军战士面前的仍然是一条漫长而又血腥的道路。

希特勒开始整理安排自己的“欧洲要塞”，并且对自己的扩张满怀信心。他最感兴趣的是高加索地区的油田，现在，这些油田正在为苏联人令人畏惧的T-34型坦克供应燃料。只有占领这些油源，希特勒才有机会把对英美这样的超级大国的战争进行到底。占领遥远的位于苏联腹地的油源，成为希特勒在1942年最重要的事务。没有高加索的石油，无论是德国的军工生产，还是德军的军事行动都没有办法长时间支撑下去。1941年夏天有一段时间，柏林甚至想进行一次空降行动，派伞兵去破坏苏联人开采石油的井架。但进行这样的行动，德国既缺少远程战斗机，也缺少运输机，并且德国当时还得在欧洲大陆与反希特勒联盟进行作战，来保护“欧洲要塞”。而且，德国空军没有“乌拉尔炸弹”。德国迫切需要武器，对敌人的工业区等战略目标进行猛烈进攻，直至摧毁它们，德国还需要掌握苏伊士运河以及西北非洲这样的战略要地，控制大西洋，并和日本一起对英作战。德国必须确定空军军备生产的方向，以通过大规模生产使自己的产量和敌人的产量持平。德国空军兵器署署长恩斯特·乌德特遭受了无数的批评。东部战场之艰难、损失之大是德国

1938年，戈林（左）和德国空军兵器署署长恩斯特·乌德特。

人没有预料到的，这迫使德国人把制造出来的战斗机和轰炸机继续主要用于对地面部队的支持上。

德国已经没有能力批量生产计划好的、作战能力强的中型轰炸机。但更重要的是，德国在技术上没有取得进展，所以He-177技术仍然不成熟，还不能够投入使用。1941年11月17日，乌德特乘坐的He-177坠毁，他当场死亡。警报器的尖叫声和飞机坠毁时发出的低沉的撞击声标志着这一项目的彻底失败。这一事件背后隐藏的不仅仅是一种顽固不化的想法，那就是，不愿进行地毯式打轰炸，而只想利用最少的投入对目标进行尽可能准确的轰炸。这种军事计划并没有完全排除对平民的轰炸；但他更多的是想通过不断重复的干扰性轰炸来影响平民的心理；只想造成恐惧和害怕的气氛来折磨平民，但并不准备彻底消灭平民。

1941年和1942年之交，欧洲战争升级为世界大战。德国空军徒劳地等待着一种新的武器、一种新的进攻方法。不管是在空军高层，还是在其他兵种，都没有人积极为轰炸机进行游说，甚至希特勒自己也好像容忍了He-177投入使用的一再推迟。对希特勒来说，更重要的是，尽快提高现有机型的产量，然后利用它们在前线发动进攻。远程轰炸机似乎并不那么迫切，因为柏林认为，在1943年必须准备好对美国的战争前，1942年的胜利大门仍然向德国敞开，德国仍然可以扩大“欧洲要塞”。

德国本土的防空措施主要有，在东方用地面部队，在西方利用大西洋的潜艇把敌人尽可能阻挡在敌人轰炸机航程范围之外。德国用战斗机和高射炮来防卫英国的航空母舰。在南部，隆美尔的任务在于，对苏伊士方向和近东方向发动新的进攻，使英国的轰炸机没有机会得到出发港口，这样，英国人就不能进攻罗马尼亚的油田或是打击德国实力不济的盟友意大利。

09

英国空军司令部发动大轰炸

与德国空军不同，英国的空战政策却有了一个根本的转变。1941年12月，英国空军轰炸机司令部开始配备四发动机的“兰开斯特”（Lancaster）轰炸机，这种轰炸机逐步成为夜间轰炸的主要机型。第二次世界大战期间，英国人共计制造了7366架“兰开斯特”，并把它的载弹量提高到了5吨以上。这样一来，英国空军除了已有的“威灵顿”“斯特灵”和“哈利法克斯”，又拥有了一种新的攻击能力很强的远程轰炸机。与此相对应，美国空军自1941年6月开始配备统一的B-24“解放者”重型轰炸机。美国共计制造了18000多架B-24，是第二次世界大战期间制造数量最大的四发动机轰炸机。B-24和B-17一起构成了美军的主要战略打击力量。

1942年1月的头几天，日本每天对英国在远东地区的主要基地新加坡实施轰炸，并借此开始了在太平洋地区的进攻。与此同时，丘吉尔和罗斯福达成了战略共识——英美准备在太平洋地区采取守势。英美提出的口号是，“先打败德国”，这就是说，盟军要首先集中力量“击溃德国军国主义”。新近在华盛顿成立的参谋长联席会议开始制订在法属西北非洲的行动计划，因为看上去，从这里登陆进入德国势力范围的外围是最容易的。因为希特勒没能把西班牙独裁者弗朗哥拉到自己的阵营里，并且在西北非洲给了战败的法国人部分的自主权，因此，“欧洲要塞”在地中海的入口处就留下了一个危险的缺口。

不管是德国海军还是戈林的空军，都不拥有靠近该地区的军事基地，来预防大规模的登陆行动。少数德国潜艇偶尔会在美国海岸采取一些行动，但它们给强大的美国海军造成的损失可谓是少之又少，而且，

1944年大批量生产的B-24型轰炸机。

德国海军元帅邓尼茨的潜艇部队虽然暂时给盟军的护航队造成了巨大损失，但不久之后，由于盟军防护和监视措施的改善，德国潜艇部队很快就由猎人变成了猎物。因此，希特勒不得不决定，如果盟军在西北非洲登陆，德国军队就必须越过比利牛斯山脉并通过西班牙进行反击。自1940年起，德国就有了占领直布罗陀海峡的计划，但由于西班牙缺乏合作的诚意，这个计划一直被束之高阁。与之相反，美国在1942年3月就得以在大西洋的另一边，在西非的利比里亚建立自己的军事基地。

盟军的问题是，他们需要很多时间才能对德国发动进攻。美国的军工生产早就在全力以赴地高速生产，但陆军和海军必须首先对上百万的预备役士兵进行训练，把他们培养成为有战斗力的部队。

因为德国军队并没有像希特勒所期望的那样，迅速结束对苏联的战争，而是被牵制在了东部战场，因此，英国的处境相对好过一些，并且能够加强自己的战备。英国愿意把自己作为美国进攻的跳板。虽然和德国潜艇进行的大西洋海战还远未结束，但美国的援助物资还是能够源源不断地到达英国。早在1942年3月底，美国陆军部长史汀生就提出了一个作战计划，从重兵防守的北非海岸登陆（计划登陆时间为1943年4月1日）。

要想让航程远的战斗机以最快的速度抵达欧洲，就必须在格陵兰和冰岛做中途降落。这是一条充满危险的航线，15%的飞机在这条航线上被击落或者是由于机腹着陆而被损坏。但毫无疑问：再没有比大力加强英国皇家空军的空中进攻，这样在盟军准备登陆的过程中就狠狠打击希特勒更有意义的了。对政治家来说，这展示了盟军的强大；对军方来说，这证明了这一行动的可行性。

无论是在伦敦还是在华盛顿，都没有人真的认为，仅仅利用空军就能决定战争的胜负。人们对轰炸机寄予了不同的希望，但是没有人能够肯定，所有这些希望都会实现。陆军和海军的指挥员们当然认为，轰炸

美国空军的B-17“飞行堡垒”远程轰炸机。

机主要还是支援前线用的，必须轰炸军事目标。在这一点上，英美的指挥员们和希特勒的将军们并没有区别，但政治上的需要却促使英国开始制订轰炸计划，轰炸机很快就有机会来证明自己的能力了。

英国轰炸机司令部的独立地位使它拥有了一个有利的前提条件，能够不顾所有人的反对意见，实践这种新的战略。尽管不断有胜利的消息传来，但现实仍然严峻。因为，德国空军的主力虽然被牵制在了东部战场，但英国空军在1941年夏天和秋天对德国进行的规律性的夜间空袭并没有取得重大的胜利。一项关于英国所投掷炸弹命中率的秘密调查表明，每10架飞机中，只有一架能够飞到离防守严密的鲁尔地区不到8千米的地方，而每三枚炸弹中，只有一发能够命中目标。在所有飞机里，只有20%能够把炸弹投掷在目标地周围方圆120千米^{2}的范围内。

与上一年相比，英国轰炸机的损失翻了一倍还多（1940年损失492架，1941年损失了1034架）。只有个别的轰炸机小组能够突破德国的防线，但在有雾或是月光不明亮的夜间，测定目标地的位置都不可能做到。同时，返航的道路也很危险。并不是所有的飞机都能够平安返回降落到自己的机场；1941年底，英国空军的飞机损失率是如此之高，以至于英国很难用新制造的飞机去更换损坏的飞机。因此，丘吉尔开始怀疑，空战到底是否足够击垮德国人的反抗意志——或许空军参谋部在夸大其词，陆地进攻也许真的在所难免，同时，也要呼吁占领地区的人民进行反抗。但真正具有决定意义的是美国的参战。

空中进攻停滞不前，英国迫切需要一个转机。1942年1月29日的空袭就非常典型地说明了当时英国轰炸的情况。当时，出动的84架飞机中，只有39架到达了目的地，在损失了5架飞机后，这些飞机在明斯特共投下了34吨炸弹。

1942年2月23日，空军元帅亚瑟·哈里斯开始指挥英国轰炸机司令部，这给英国皇家空军带来了巨大转折。哈里斯在第一次世界大战期间就是飞行员，两次战争期间在英国皇家空军飞黄腾达。他的经验使他坚信，利用轰炸摧毁敌人潜在的战争力量是最可靠的赢得战争胜利的方法。在他看来，要想取得胜利就必须使用大型轰炸机联队。因此，他全力以赴，致力于第一代重型轰炸机的研究，并使之能够投入战争使用。哈里斯完全清楚自己轰炸机武器的界限。但他表现出了不可动摇的自信，这正是进行战略大轰炸所必需的。这位坚定得几乎固执的军官一心朝着自己的目标前进，全然不受任何批评者或是怀疑者的影响。另外，他还具有足够的耐心和缜密，来系统组建有战斗力的轰炸机队伍，并一步一步使之完美。哈里斯决心毁灭德国的工业区，为盟军的胜利作出决定意义的贡献。他得到的政治上的支持虽然并不坚定，但已足够，而为了说明这种支持的正确，哈里斯必须取得令人信服的胜利。

通过战争的头两年，大轰炸已经证明自己在摧毁重要的军事目标方面是一种非常成功的作战技术。如果仅仅是对敌人的工厂、铁路等进行

零星轰炸就不能收到明显效果，并且也不能够对敌人的军工生产带来持久性打击。小规模轰炸不足以沉重打击工人的士气。随着战争进程的发展，交战双方盟友间的互相支持已成为习惯。在德国人侵苏联后，英国轰炸机司令部接到任务，破坏德国运输系统，动摇德国的军心。这绝不是屠杀命令，和同一时期希特勒作出的关于欧洲犹太人的命令一样。

1941年冬天和前一年的冬天一样，由于天气原因本来就超负荷运转的德国铁路系统问题连连，这使柏林负责军备的人头痛不已。1941年夏天和秋天，民间供应不断收紧，德国民众心情沉重，这削弱了德国人对于战争的热情。希特勒在东部战场的胜利并不能驱走民众对于即将到来的第三个战争的冬天的忧虑。

但尽管民众对战争的不断扩大感到惶恐不安，纳粹统治的稳定性并没有被削弱。这里，担任英国皇家空军参谋部长直至1930年的老特伦查德爵士犯了个错误。在1941年5月的一次秘密备忘录中，他重申了自己的观点，认为，轰炸能够动摇敌人的军心，使德国人变得歇斯底里和惶恐不安，因而失去抵抗力。我们可以看到，第一次世界大战仍然停留在人们的脑海里，不仅希特勒是这样，他对他的“人民”并不像他对外所展示的那样，那么有信心。英国空军的指挥员们非常乐意看到特伦查德的理论成为现实，但是，他们并不信任他的理论。因此，他们把轰炸德国运输系统列入了作战日程。

通过分析侦察图片，英国很快就发现，对德国工业区的轰炸并没有造成持久的破坏。因此，英国轰炸机司令部挑选了19个对大火特别敏感的德国大中型城市，用燃烧弹对这19座城市进行猛烈袭击。英国人希望，这次轰炸给德国带来的损失，就不是让战俘修修房顶和玻璃就足以

英国皇家空军轰炸机司令部司令亚瑟·哈里斯（右），有“轰炸机哈里斯”之称。在他旁边的是空军元帅桑德贝。

弥补的了。

1942年初，伦敦的军事指挥高层决定改变战略。在哈里斯上任的前几天，空军参谋部下达了一个正式的指示，要集中全力“动摇敌方民众的军心”。由英国国防委员会批准，在1942年2月14日进行的“地区轰炸指示”从迄今空战胜利寥寥中得出了教训。如果要对重要军事或军备目标，例如，马尔-胡斯化工厂进行精确轰炸，那么同时也应该对重要的工业城市，例如，科隆、杜塞尔多夫、杜伊斯堡和埃森进行轰炸，以此作为补充。“去房”方案决定，采取有计划的行动，毁坏这些城市的房屋。为了实现这一计划，必须向房屋密集的市中心投掷重磅空中水雷和炸弹，不仅要破坏通信设施和供应管道，而且也要炸毁房屋，最后再大量投掷燃烧弹，完成整个破坏行动。

“空军从来没有和敌人直接的接触。我们看不到敌人，也接触不到敌人。我们就好像在执行一项很抽象的任务。在战斗过程中，有人可能死去。但我们尽量不去想这些。我们就好像在一种真空状态里作战。

“我们像完成学校里的作业一样执行我们的任务，飞到目的地，投下我们的炸弹，然后再飞回家。总是这种模式。只有当我们中的一员没有回来，我们才开始思考。但我们想的是：‘那些家伙是掉下去了，不过他们会得救的。’我们必须驱走这些不好的想法。如果

彼得·图恩 (Peter Twinn)，英国皇家空军“兰开斯特”轰炸机飞行员，参加过对汉堡、杜塞尔多夫、柏林和德累斯顿的轰炸。

一项行动失败了——倒霉！我们当时的态度确实是有保留的、冷静的。我们从不谈论发生了什么。有的人喜欢这个，有的人不喜欢这个。但每个人都要完成他的工作。我们没有时间谈论感情。另外，我们要对我们自己所遭受的痛苦进行报复。以牙还牙……这就是我们的态度。

“不，我们根本没有道德上的绝望！挑起战争的并不是我们，我们只是进行了防卫。我们很高兴，我们能做一些事情。我们希望战争尽可能早些结束，让我们恢复正常的生活。”

英国人很清楚，大量的民间伤亡在所难免。但只有付出这样的代价，才能实现自己的目标；对于处在全面战争中的伦敦而言，只有胜利才是最重要的。在对人类公敌进行的斗争中，不能有太多顾虑，处处考虑自己的行为是否符合道德。1942年2月8日，希特勒任命自己最欣赏的建筑师阿尔贝特·施佩尔取代已经在事故中身亡的空军兵器署署长恩斯特·乌德特，并赋予他全面的权限来使军工生产重新恢复活力。施佩尔成功地在一年之内就把军工产量几乎翻了一番。盟军要不惜代价阻止纳粹大肆宣传的“军备奇迹”，或者至少是干扰它。

哈里斯对德国经济发动了消耗战，德国城市里的工人区首当其冲成为轰炸目标。哈里斯发动空战的条件要远远好于他的那些前任。英国新型的重型轰炸机已经投入了批量生产。1942年2月，哈里斯还仅仅拥有69架飞机，但到了年底，英国就已经生产出了共计2000架新飞机。这些新飞机可以把很多炸弹运送到遥远的目的地。并且，英国还发明了一种新式的导航系统，虽然这种导航系统的适用范围只到鲁尔工业区，并且这种系统缺乏抗干扰力，但它还是能够让哈里斯把自己的轰炸机集结起来，对德国的防空线进行集中打击。

为了能够更好地发现目标，飞行员们得到了更好的培训。在飞行中队里，精英飞行员飞在“童子军”前面，并引导他们到达目的地，这些目的地已经事先被精英飞行员们照亮了。

尽管有了这么多的改进，但1942年的轰炸机司令部仍然处在试验阶段。在这一阶段，英国获得了很多重要的经验教训。随着更多的重型轰炸机投入使用，技术进步使空军的战斗力不断增强，英国终于拥有了一支自己梦寐以求的强大的空军队伍。随着英国人不断尝试大规模的毁灭性进攻，英国人终于发出了其他政治家所期待的建立“第二战场”的信号。因此，空战历史学家霍斯特·布格（Horst Boog）认为，英国人在1942年初实现了“把毁灭性轰炸从例外转变为常规的转折”。

但这种转折并未涉及哈里斯的第一次大规模进攻。1942年3月4日，哈里斯下令轰炸巴黎附近的重要目标雷诺汽车厂。在这次飞行距离相对

英国轰炸机司令部的地下作战指挥室。

1942年3月29日，英国对卢卑克进行了夜间轰炸，卢卑克大教堂燃起了大火。

较近的轰炸行动中，英国新机型技术上的改进和战斗力的提高给人留下了极为深刻的印象。出发的235架飞机中，有223架抵达了目标，并且仅仅损失了一架。它们一共向目标投掷了419吨炸弹，炸毁了三分之二的工厂设备。第二次大规模空袭的目标仍然是德国的军工生产中心。3月8日，524架飞机中有389架到达了埃森并在三个夜间共计投下了610吨炸弹。不过，由于德国在鲁尔区的严密防守，英国损失了13架轰炸机。

在继续对基尔、科隆和埃森进行了一系列较小规模的轰炸后，应英国高层的要求，英国空军对德国平民进行了首次毁灭性轰炸。卢卑克这个城市，无论对于军事还是对于军工生产，都丝毫不重要。但它坚固的中世纪老城区却是一个合适的攻击目标，让英国人优化他们使用燃烧弹的经验。234架“威灵顿”和“斯特灵”进行了首次的“地区轰炸”，共投下了276吨燃烧弹，整个城市几乎完全化为灰烬。3000多座房屋遭到严重破坏或者是完全被毁。平民死亡320人，伤785人，但伤亡并没有英国人预料的那么巨大。被烧掉的老城就好比一个凶兆。

卢卑克目前只不过是一个试验，但也是对纳粹的一个信号。如果英国飞行梯队轰炸的是军事或者军备要地这些常见的目标，这个信号就不会这么强烈、这么令人注目了。紧接着，英国对科隆、汉堡、埃森和多特蒙德进行的同样猛烈的轰炸就证明了这一点。

希特勒明白盟军的用意。他再次指示要进行报复，但必须在一定限度内以避免空战升级。德国空军收到命令，“除轰炸港口和工业设施外”也在“报复范围内对伦敦之外的大城市实施毁灭性攻击”。他特意强调“毁灭性攻击”是“次要任务”并仅局限于“报复”。与1940年不同，德国空军这次的打击力度无法与英国相提并论。作为对轰炸卢卑克的报复，德国在1942年4月24日夜里只出动了25架战斗机。他们寻找的也

1942年4月24日，德国空军“报复性轰炸”后的英国古城埃克塞特。

是没有防范的目标，利用燃烧弹轻而易举就造成了严重破坏。受攻击的是美丽安宁的小城埃克塞特，轰炸造成80人死亡，55人受伤。

英国人在这一回合中赢得了主动权。他们立刻扑向罗斯托克的住宅区和一直不受关注的波罗的海海港。如同卢卑克一样，罗斯托克的旧城立刻燃烧起来。市中心的60%被烧得一片精光。英国轰炸机在四次攻击中向罗斯托克一共投下401吨炸药和277吨燃烧弹，造成204人死亡，89人重伤。德国空军立刻予以反击。4月底英国南部的港口城市巴斯在两次夜袭中遭受重创。死伤人数更多，分别达到400人，这证实了德国空军必要时以其人之道还治其人之身的决心。

哈里斯再次集中火力攻击重要的军工经济目标，但这没能阻止施佩尔领导生产继续发展。1942年4月26日新“斯特灵”轰炸机对比尔森斯柯达工厂的攻击至少帮助哈里斯扩大了进攻范围。与强大的德国防空对抗及一直困扰英国人的技术难题使得英军失利时有发生。5月4日夜里，120架左右飞机出行执行任务。只有34架抵达目的地斯图加特并投掷了49吨炸弹。英国轰炸机司令部出动了193架飞机对位于瓦尔内明德的亨克尔飞机制造厂进行了4天的轰炸。但只有少数炸弹命中，大部分炸弹都落到了城里。

针对不设防的英国小城市的“毕代克”攻击旨在对英国的“公共生活施加明显干扰”，1942年夏天因为德国兵力不足这一计划破产。白天里最多有30架战斗轰炸机参战，夜里有130架。这无法给英国的军火工业造成重创。德国人在1942年一共向英国投掷了6600吨炸弹，其中11%是燃烧弹。比较1944年，一个德国城市两至三夜就受到相同多炸弹的攻击。这也只是德国空军在1940—1941年对英国的首轮攻势中所用炸弹的一小部分。

相反，英国人加大了攻击力度。向大轰炸的过渡、燃烧弹用量的增多以及新远程轰炸机更大的炸弹负载能力使得大规模攻击成为可能、德国大城市的彻底毁灭成为可能。如100～400架轰炸机的进攻不能取得决定性的胜利，就动用所有可支配的飞机，突破1000架轰炸机这个魔力极限。

1942年5月30日夜里英国人对“最喜爱的目标”科隆发起了试验性质的轰炸。1047架轰炸机中有868架抵达目标并扔下了1323吨炸弹。这是过去常用量的三倍。474名死者也许不能让战略空战的技师们留下深刻的印

英军轰炸后的科隆大教堂，时间约为1942年5月底。

象，但是约有13000座大楼受到严重损害或被炸毁，45000人无家可归。轰炸队指挥部为此付出了折损10%飞机的巨大代价。

科隆轰炸证实了英国轰炸机部队的战斗力。要想持续打击纳粹政府的士气，就必须夜夜实施千架轰炸机的攻击。英军的兵力还难以做到这一点，英军接下去的尝试予以了证明。科隆空袭两天后957架飞机再次出动，其中374架补充自训练单位。他们的目标是埃森的军工厂，但是此次大规模进攻被驱散，1120吨炸弹分散在埃森、杜伊斯堡和奥伯豪森。英军的第三次试验发生在月底，1002架飞机升空出勤。为此，哈里斯集合了272架训练飞机和102架空军海防总队的轰炸机。共有713架飞机抵达目的地并在不来梅扔下了1315吨炸弹。如再进行其他大规模的攻击，就必须牺牲训练专家，这样的代价对轰炸机司令部而言太大了。因此英国人尝试用较少的兵力结合不同的策略来打击德国的城市。除了对斯图加

被炸毁的埃森中心和市政厅钟楼，时间约为1942年春天。

特、美茵茨和多特蒙德实施双重打击外，指挥部还一周内4次轰炸了埃森、不来梅、杜伊和奥伯豪森。1942年3—6月共有3100架左右的飞机对埃森进行了13次夜间大轰炸。然而这个位于鲁尔地区的大城市总体还是稳定的。除物质损失外，居民的不安情绪上升，他们特别担心的是一切才刚刚开始。

纳粹相信，如同英国人一样，德国人的“斗志”在空袭的压力下只会更加高昂。1942年8月初，戈培尔巡视了莱茵兰地区并组织了大规模的群众聚会。他声称，丘吉尔通过轰炸迫使远离政府的莱茵兰天主教徒和鲁尔地区工人背叛国社党的企图必将失败。然而丘吉尔信心百倍，并在1942年9月给斯大林的一封信中不无骄傲地介绍了这些轰炸以及投掷的炸弹量。

亚瑟·哈里斯亲自向德国民众发出呼吁。英军轰炸机在德国境内撒下数百万份传单，说到英国人民首先品尝了空袭的痛苦，现在角色要互换了。但是英国人绝非出于报复才轰炸德国的城市：“我们轰炸德国，一个城市接着一个城市，越来越凶猛，是为了阻止你们继续战争。这才是我们的目的：卢卑克、罗斯托克、科隆、埃姆登、不来梅、威廉港、杜伊斯堡、汉堡——名单将愈来愈长。你们就和纳粹一起灭亡吧，如果你们坚持这么做的话。那是你们自己的事。”

他证明了英军有能力凭借1000架轰炸机袭击科隆这样的城市并在一个钟头内炸毁三分之一的城市。这还只是开始。英国轰炸机的产量将增加并和美国联手。“很快我们将日夜出没，无论下雨、刮风还是下雪——我们和美国人。”盟军也不畏惧德军回击造成的损失。5%的损失率仅会延缓战机总数的增长。在美国，每两个小时就有一架新的四发动机轰炸机面世并飞越大西洋赶赴英国，德国潜艇对此无力加以阻止。

哈里斯在1942年秋给德国民众的传单中说道：

我愿意开诚布公地表明我们是攻击单个的军事目标还是整个城市。我们当然更愿意攻击你们的工厂、码头和铁路：这能给希特勒的战争机器以最严厉的打击。但是工厂里的工人就住在附近。因此我们的炸弹落在了你们的房子上——也击中了你们。

我们十分遗憾这一切不可避免。就像科隆霍姆伯特-道依茨公司柴油发动机厂的工人就不得不承受全面战争的危险，他们中很多人死在5月30日的夜里。我们贸易船上的水手同样必须面对这一切，（由霍姆伯特-道依茨公司发动机装备起来的）德国潜艇对他们发射了鱼雷。考文垂飞机制造厂里的工人，他们的妻子儿女不是与罗斯托克飞机制造厂的工人及他们的家人一样都是“平民”吗？但是希特勒一手造成了这一切。

哈里斯通过客观论证指出，不管德国的国防军能走多远，德国都不可能赢得这场战争。他们1940年就没能成功进入英国，虽然当时英国处于手无寸铁的状态。传单里写道：“你们的元首如此疯狂，以至于他又进攻了苏联和美国。”国防军尽可以取得他们所要的胜利——“但是你们必须与我们和美国人将空战进行到底。这是场你们绝对无法赢得的战役——而我们已经赢了。”必要时，盟军将对“第三帝国从头至尾来个扫荡”。最后哈里斯向德国人呼吁：“是否以战争和轰炸来给一切画上句号，决定权在你们的手中。推翻希特勒，你们就将获得和平！”

到1942年底，英国皇家空军共组织了100次左右的轰炸，其中只有17次投掷的炸弹超过500吨。尽管如此，轰炸机司令部所取得的破坏结果还是比前一年大有提高，虽然从中还看不出战争的决定性因素。纳粹政府认识到大规模的攻击会慢慢造成民众“强烈的心理负担”。戈培尔建立了一个“空战损失委员会”负责尽快消除物质损失——这很明显也是激励民众坚持下去的信号。

海因茨·胡姆巴赫（Heinz Humbach）（左），当他还是小男孩时，经历了1942年4月30日的科隆千机大轰炸。

“当空袭警报在夜里响起时，我们还没有意识到特别的事情即将发生。接下来的两小时让我们明白了这一点。防空洞里的人们被吓坏了。人人都在想，上帝啊，这到底是怎么回事，接着又会发生什么?

“我和我兄弟往街上跑去。因为我们的祖母、姑妈还有她的孩子住在斜对面。许多房子烧着了。我们把姑妈和祖母接了出来。我们甚至还想抢救一点财产。我们冲上三楼，将床单扯下来带回了家。这时候，三楼的楼梯间已经烧起来了。当时许多旧房子的楼梯是木头的。我们很快离开了房子。火势很大。房子完全被烧毁，只剩下墙基。

“这一切太可怕了。在这之前只是这里或那里落下几颗炸弹——这与我们还没有太大关系。但是这一次，城里大部分地方都遭了殃。我不知道，到底有几千人因此无家可归，多少房子被烧毁。我们的亲戚住在附近，可以搬过来和我们住。但是很多人无处可去。他们逃出正在燃烧或已经烧毁的屋子还有防空洞，并毫无目的地在这个地区游荡。”

此时，负责生产瓦片和门窗等用品的集中营就越显重要。由囚犯组成的党卫军特别建设生产组储备了大量的强制劳工，他们在受空袭的城市里从事危险艰苦的清理工作，经常连工具都没有。他们掩埋尸体或将尸体装棺。无数囚犯在清理未爆炸的炸弹时遇难。越来越多的战俘和集中营囚犯劳动突击队成立，非人的党卫军集中营在所有遭空袭的大城市中成为趋势。纳粹党一方面全力安抚德国的轰炸受害者；另一方面，老弱病残、没有工作能力的囚犯被杀害。

布亨瓦尔德集中营的一个囚犯对1943年夏天杜伊斯堡劳动突击队叙述说：

驻地设在一个被炸弹烧毁的医院里，这里曾经是个西妥教团的女修道院，有着非常坚固的墙体。市中心一片废墟，被烧得一塌糊涂的医院就位于这里。囚犯的住处顶上用混凝纸和木板草草遮盖。屋顶架被烧得精光。这些囚徒，包括几个穿着竖条服或平民破烂衣服的德国囚徒，主要是苏联和波兰籍的党卫军奴隶……晚上聚合时，我们认识了长着虱子、蓬头垢面和面黄肌瘦的人们。很多人衣不遮体，大部分人膝上的裤子是破破烂烂的。他们来自工作、街道和城市清理及炸弹清除指挥部。

根据英国皇家空军参谋长查尔斯·波特尔1942年10月的预测，未来两年的轰炸将杀死上百万德国人并使2500万德国人无家可归。军方认为这样的计划是盲目的并指责英国皇家空军的战略家没有关注全局。他们不同意仅仅由轰炸机来决定战争并认为眼前的轰炸攻势只是攻入德国的前奏——丘吉尔也认同此观点并反对轰炸机司令部的“大型化趋向”。

哈里斯知道，他的轰炸机部队还只处于“婴儿”阶段。为了挽救受损的荣誉，更有效的航空辅助必不可少。对可用的轰炸机数目他很有信心。鉴于太平洋和北非战场的迫切要求，迅速建立一支重型远程轰炸机队伍的目标必须不断被修正。但英国人现在已不再是孤军作战了。1942年6月，卡尔·斯帕茨将军抵达伦敦。他的任务是组建美国空军第八航空

1943年6月13日，集中营的囚犯在不来梅做清理工作。

队，这支队伍将从英国出发进攻德国，其目的是为1943年春天的跨越运河创造条件。美国人需要些时间熟悉情况和增添设备。他们深信凭借己方的“空中堡垒”能够攻击和销毁德国的军事潜力。B-17轰炸机拥有改进了的瞄准器，命中率得以提高。如此，美国人在白天也能对德国的燃料库、火车站和工厂进行精确的轰炸。他们依赖技术和数字，深信只要将足够的轰炸机装上经精确计算的炸弹量派往目的地就能取得成功。

美国空军第8航空队与继续夜袭工业地区的英国人分工，集中火力在白天轰炸军事经济目标。1942年8月17日美国人发起了第一次空袭。12架B-17轰炸机由四支英国战斗机中队护航轰炸了鲁昂附近的一个大调车场。大约一半的炸弹命中目标，“空中堡垒”毫发无伤地返回。三天后，更多的B-17轰炸机在500架盟军战斗机的护航下轰炸了法国北部的铁路。

美国人迫不及待地想轰炸德国境内的目标。这些轰炸机首先被派往参加1942—1943年的大西洋战役并炸毁了德国在罗连安特和布雷斯特的重要潜艇基地。波浪式轰炸虽然对城市和海港造成了很大的破坏，但是藏在水面数米下的潜艇掩体基本未受损害。德国人在此次战役中失利，因为他们对盟军在大西洋上方严密无缝的制空能力束手无策。德国潜艇实际上只能自行行动。

在地中海，盟军不断增长的空中优势使得轴心国也越来越捉襟见肘。隆美尔攻势停滞不前，为了减轻其负担，德国人和意大利人决定攻击英国最重要的基地马耳他。计划早已制订出来，但因为轴心国当时既没有伞兵也没有强大的海军，这个任务就只能由轰炸机独自完成。德军在1942年10月中旬为期10天的轰炸中共投入飞机270架。马耳他虽然遭到巨大破坏，但要塞基本功能还在。而轴心国相对势单力薄的轰炸队伍蒙受了巨大损失，这也凸显了德国航空兵多线作战不堪重荷、实力越来越弱的事实。

作为反击，英国人和美国人轰炸了意大利的城市和军工厂并取得了相当的战略成功。德国最重要的同盟在物资实力和士气方面都受到重创。盟军轰炸机在北非的行动使德国和意大利军队被迫于11月撤退。登陆北非的“火炬行动”让希特勒和墨索里尼面临严重的失败。尽管盟军掌有制空权，轴心国对桥头堡突尼斯的统治还是坚持到1943年3月。德意陆军的供应和补给只能依靠为数不多的大体积运输机和轰炸机。在对卡萨布兰卡的一次大规模远程进攻中，德意空军动用了11架由四发动机客机改装而成的Fw-200，这是He-177出局后唯一用于侦察的远程飞机。因为这些飞机炸弹运载量还比不上中等大小的He-111战斗机，它们的零星使用也就成为空战中无关紧要的插曲。8架飞机抵达这个摩洛哥的国际港口并扔下了约8吨炸弹。

1942年10月“神奇武器”V2成功升空。

转折缓慢而试探地向前发展，德方缺少追赶英国优势的恰当手段。即使毁灭性轰炸在1942年春天得以批准运用，空军指挥也无法借此取得决定性的胜利。飞机总设计师受命研制打击地面目标的替代工具。Fi-103项目因此昙花一现，这是一种有着喷射驱动的飞行炸弹，即后来的V1。尽管速度不如敌人的歼击机快，但至少能保证己方飞行人员的生命安全。因为生产和使用花费丝毫不比轰炸机的花费少，大量使用这种武器的计划最终从未实现。

德国空军总指挥部1942年夏天的另一个梦想是借助最棒的远程飞机——那在当时还只存在于设计师的制图板上——有朝一日对苏联在东部和美国在东部海岸的重要目标实施全球空战。环绕地球的航程计算只是一个纯理论，但盎格鲁撒克逊人已经开始在实践中尝试这种革新。德军的唯一希望是He-177。如果它们可以参战，德国人至少就能轰炸美国在格陵兰岛、爱尔兰岛和非洲西海岸的空军基地。如果能借助法国维希政府之手在那里稳定下来，甚至可以和巴西相连接。此外，德军还想从的黎波里对亚丁和波斯湾发动攻击，就连苏联在远东的军工目标也不再遥不可及。虽然技术上的障碍还没得到解决，机器的生产已经在进行中。

负责军备的专家有足够的远见，也在着手实现其他以未来为定向的想法。施佩尔支持制造属于德国的原子弹。但就在德国科学家还深信自己在这方面领先并埋头苦干的同时，美国人已经取得了决定性的突破并很快进入了工业制造阶段。施佩尔更大的成功是大力推进了新的神经战斗武器“塔崩”的生产，希特勒有了一种完全将盟军蒙在鼓里的超级武器。陆军方面，在制造洲际远程导弹（V2）上所下的血本还是有所回报的。在佩内明德，道恩贝格将军和韦纳·冯·布劳恩于1942年10月进行了第一次试飞成功。希特勒十分兴奋并订购了5000枚用于对付敌方平民的毁灭性武器，目的是保证盟军登陆时德军军备在质量上的优势。

朱利叶斯·梅姆伯格（Julius Meimberg），德国空军战斗机飞行员，1943年被美国轰炸机在非洲上空击落。

“我总是爱用这个比喻：‘这是一个飞行中的车营！’它们成群结队地紧密飞行，编队阵形我以前没有见过。轰炸机队在自身形成猛烈的炮火防护，这就够糟糕的了。

“我从正面发起进攻，击中领头的飞机，用极快的速度‘跳’到飞机编队上方并中了一发炮弹。飞机伤在冷却系统，并不严重。火焰窜来窜去，我打算跳出机舱并打开飞机顶盖，但我当时是呈翻跟头状向前。我解不开安全带。我坐在飞机里一个400升的油箱上，油箱连在驾驶座上。我出不去并被烧伤。

“我用尽力气终于解开安全带，一下子就跳出了飞机。过了一小会儿，我打开降落伞。太早打开降落伞是危险的，因为降落伞在一定的速度下会爆炸。三秒钟后我的速度就是自由落体速度，每小时220千米。我往自己下方看：鞋子掉了，棉裤在我的两腿上呼呼煽动。我看着自己的双手：手指甲向外弯曲，我的手看起来就像烤牛排。

“我忍着剧痛松开降落伞的锁定装置。当我到达地面时，我用力打了一下，降落伞就离开了。在空中松开降落伞锁定当然有些轻率，但我不想没有意识地被拖行在沙漠上。”

在喷气式飞机的研制和试验方面，空军军备还没有定论。当时，施佩尔还不是负责人。空军寄希望于一种小的快速轰炸机用于海防，而设计师威利·梅塞施米特在已经可飞行的Me-262机器中看到了一种快速战斗机。空军指挥依旧在追求一种平衡的结构，要求能攻能守。大力提高战斗机产量的要求必然会妨碍轰炸机的生产。然而空军总参谋长耶舒恩内克已没有能力满足前线对空中支持的强烈呼声。

希特勒指望夏季在东部的新攻势取得成功。为此他需要战斗机与坦克部队合作突破战线并在大规模的包围战中消灭敌人。战略进攻没有可能。1942年4月德军轰炸了被包围的列宁格勒，其意图是为国防军将重点转移到乌克兰打掩护。为期6天的轰炸用了600架左右的“斯图卡”式俯冲轰炸机和普通轰炸机，但没使用毒气，虽然毒气可以有助于更漂亮地完成这项毁灭工程。丘吉尔公开警告德国人不要使用毒气并威胁将进行无情的报复。希特勒不愿冒这个险。他处心积虑地避免空战升级，目的是不让获得高加索地区油源的“蓝色”作战计划受到威胁。

占领塞瓦斯托波尔，这个被包围了一年之久的世界上最大的湖泊要塞终于拉开了序幕。曼施泰因的第11集团军使用了最先进的高射炮和战斗机为突破严密的防御做准备。在艰难取胜后，德军赶赴列宁格勒。但是与取得此要塞相反，德军和苏联防守反击部队很快就转入防御战，德军陷入僵局。列宁格勒守住了。南部的苏联军队与一年前一样在国防军的集中进攻下溃不成军并只能后撤。这些开始的胜利是因为德国空军将所有可用的战斗机集合到焦点地区。冬季的战斗结束后，德国人在夏季攻势开始时再次补充了战斗机和俯冲轰炸机，可用飞机增长了两倍。然而，到1942年12月580架飞机只剩下380架，尽管很大一部分新制造出来的飞机被投放到损失惨重的战斗中。德国空军1942年夏天所有战线上每

1942年夏天对斯大林格勒的轰炸。

Me-323“巨人”（Gigant）的腹部可以运输载重汽车。

月损失的飞机约为800架。

与一年前不同，被击败的苏联军队在被赶至伏尔加河和高加索山时及时避开了敌人的锋芒，直到斯大林的坚守命令给战局的反转给出信号。德国人在激战中没能真正得到斯大林格勒这个伏尔加河边最大的军工中心，也没有最终获得具有重要战略意义的高加索油源。希特勒再次面临一个严峻的问题，他是否及何时下令向重要的城市和“生活中心”派出轰炸编队以给这场战役画上胜利的句号。

在进军高加索时，德军在1942年8月有机会通过集中所有战斗机消灭距离遥远的巴库这个红军的“加油站”。然而希特勒想将这些油源占为己有。当其打算落空后，这样的攻击已经错过了战机。占领斯大林格勒并非一开始就决定的事。德国空军本也可以炸掉这个军工中心。然而苏军的应战在每一个“地道口”将敌人拖进“地道战”。保卢斯将军的第6集团军毫无必要地加大了这一任务的难度。因为德军依靠对城市的猛烈轰炸来突袭敌人。在1942年8月23—26日的滚动轰炸中，德国战斗机和俯冲轰炸机将斯大林格勒变成了一片废墟，这使得德国步兵进入城市变得非常困难。斯大林没有立刻撤出居民和众多难民，目的是不影响防守士兵的作战士气。空袭的受害者数目难以精确统计：在1000~40000名之间。

已经晋升为陆军元帅的沃尔夫拉姆·夫拉海尔·冯·里希特霍芬的第4航空队没有足够的能力同时支持高加索进攻和伏尔加河之战。这两场战斗均以德国的失败告终。斯大林能在夏末为反攻准备强大的储备兵力，也是因为德军缺少远程轰炸机和侦察机。德国空军不可能攻击苏联高速运转中的军工企业，仅在这一年苏联空军就得到飞机25000架。除了伏尔加河上的运输偶尔中断外，苏联未被占领地区的兵力运输和盟军救援物资的运送都畅通无阻。德军也没能及时侦察到敌人的反击准备。

因此，斯大林格勒成为第6集团军的坟墓。1942—1943年之交的灾难书写了德国运输机和轰炸机的牺牲史。为保证受围军队的供应，数百架He–111、数架Fw–200甚至还有几架He–177被投入使用。德国的远程飞机往城里运送了弹药箱、燃料桶和面粉。戈林轻率地许诺每天提供500吨的必要物资供应，结果平均只有不到60架飞机携带100吨物资飞抵目的地。因为飞行路段艰难及条件特殊，德国人动用了飞行教师和其他有经验的飞行人员，许多人死在苏联的高炮射击下。德军元气大伤，难以恢复，损失飞机500架左右。

10

插叙：帝国防空

希特勒的空战攻势支撑到1942年底。德国至少在东部实现了御敌于国门之外，对手暂时还没从这个方向向德国境内的重要目标发起过战略进攻。南部和西部的空当则让对手有了可乘之机。这里一直是盟军远程轰炸机的入侵关口，这对鲁尔区的军工厂是个严重的威胁。在论及空战时，经常被强调的一点是，对德国城市的攻击会殃及手无寸铁和“无辜”的平民、妇孺及老弱病残者。这无疑是事实。但不容忽视的是，这些城市有着强有力的军事防空保护，因此不是海牙陆战条例意义中的“不设防”城市。这些城市大都设有重要的军事设备和军工厂，这些是合理的攻击目标。另外，德国人借鉴了第一次世界大战的经验，在平民保护方面更好地采取了预防措施。平民防空是纳粹最大的组织，奉行军国主义思想和意识形态。与英国人不同，这个组织从20世纪30年代中期起就接受严格的集中管理。防空是战时增强凝聚力、建构“民众共同体”和稳定“后方战线”的重要因素。此举旨在消除对手通过毁灭性轰炸引起生活和军工中心动荡或煽动民众反战、反政府的可能性。因此平民保护是军事战略的一部分，此军事战略的任务是确保帝国在全面战争中得以生存。

在英国，防空很长时间只是政府小范围内的讨论话题。专家们不排除在敌人对受保护不足的居民进行毁灭性攻击的情况下疏散城市的可能性，但这必然会对国家秩序、供给和生产的维护带来不可估量的后果。面对这些悲观的预测，英国人最终采取了坚持到底的立场。大挖地壕和投资无数修建掩蔽所永远也不能满足全体民众的需要和跟得上新式炸弹的飞速发展，因此更理性的做法是投资生产自己的炸弹。有了这些炸弹，敌人才有可能被吓退或因为复仇性攻击而屈服。一般意义上的防空最多将原始的应急措施也包括进来，眼下积极防空成为当务之急。

在“第三帝国”，只是因为扩军造成的建筑材料缺乏和人手不足才阻止了更大规模的防空建筑措施。德国国防军指责大部分可用资源都被用到军事防空中。帝国边界上出现了巨型的指挥掩蔽所，这个优先考虑保持到1945年。这些厚达数米的混凝土给“元首”和其随从提供了任何其他人都无法享受到的保护。出于防空考虑，军工业被尽可能地集中到德国中部以远离英国轰炸机当时的航程。

至少在德国北部的海港城市，人们战前就开始修建新式的防空塔，这是因为这些海军基地因为靠近英国极易遭受空袭。造船工人、海军家属和附近居民可以躲避到防空塔中。根据当时的估计，结实的住宅楼里的地下室可以保障大城市中大部分居民的安全。无论是在英国还是在德国，空袭开始之前，至少学年儿童被转移走。其他居民为了保证城市的运转留守城中。只让工作人口留在城里，这可能会让战时本已极其匮乏的生活条件更加恶化并给分居的家庭带来严重的社会和心理后果。但当时没有人去认真考虑这个问题。

在一次杜黑式的毁灭性轰炸前，德国人在战争开始时也没做好充分的保护措施。因此当权者决定尽可能避免空战的升级。他们认为，居民可以借助夜色的掩护躲避敌机的攻击，听到警报后寻找地下室，在空袭后实施急救并灭火。

德国战胜法国后，情况平静。但英国对柏林的零星攻击还是让希特勒感到有必要启动一项“元首紧急计划”给大城市的居民建造“抗轰炸”的防空场所。单是在柏林就计划建2000个掩蔽所。与此同时，城里巨大的高炮塔也对居民开放。希特勒十分注重掩蔽所防毒气攻击的问题。整个建筑计划牵涉很多机构，但是很快就被迫精简并延期。防空总监柯特·克尼普费尔宣布要修建一道新的西壁让对手认识到空袭德国的毫无意义。然而闪电战阶段表面上的安全使对策划多年的防御工事进行宣传成为难事。

基尔的一座地面防空掩体，1942建成的城市防空设备。

“第一波工事浪潮”的首选是61个居民人口过10万的城市，这些城市有着对战争至关重要的军工企业并受到空袭的威胁。到1943年中，76个城市中2000个左右掩蔽所已建成了一半。为此耗费的混凝土约在500万米^3，主要劳动力是苏联战俘。这还只是修建大西洋壁垒所用混凝土的一半。无数的“元首指挥部”和纳粹军官私宅不包括在内。

越来越频繁的空袭和对“人民大众”的保护不力引发了持续的信任危机。对此，希特勒除了不断提到新的掩蔽所建造计划之外束手无策。“掩蔽之城”方案甚至将防御工事视为城市建筑的成果和纪念碑，然而这一方案终成乌托邦。连“紧急计划”实际上也以失败告终，在高危城市中平均只有5%的居民可以在掩蔽所中找到庇护。大部分人只能在地下室、被毁的房屋、地道和临时挖就的防空壕中谋求紧急避难所。

说掩体画面占据了那一代人的记忆，只是有限地反映了第二次世界大战的真实性；昏暗的混凝土掩体首先是空战的标志，大部分人是在自己住宅的地下室里躲避空袭的。当盟军大量使用燃烧弹时，住宅和商店里的防空地窖就用处不大了，在空袭严重的大城市中尤其如此。人们从致命的地下室逃进掩体和地道中，那里拥挤不堪，令人无法忍受。战争最后的几个月里“掩体恐慌”尤其严重。空袭警报拉响时，入口处一片混乱；妇女和儿童在黑暗潮湿的过道里挤来挤去。许多已经一无所有的人成为这里的常驻者，变成洞穴居住者。这些人病弱脏乱，即使掩体在轰炸下发出剧烈的震动，他们也显得无动于衷。因为在掩体中拥有固定的席位成为特权，纳粹制定了一套进入掩体的管理体系。外籍工人和战俘从一开始就不准进入公共防空场所。他们中很多人死在临时的防弹战壕和木棚中。考虑到他们是军工业中不可或缺的劳动力，有些工厂建立了自己的防空建筑。

1943年夏天纳粹政府以“自救计划”来应对防空危机，然而这一计划因为建筑材料匮乏受阻。鲁尔区是重点区域，防弹地道的修建大大提升了安全性，此外，部分居民被撤离。相反，战争要地边缘的小城市的安全措施就少得多。

动用警力和司法力量的目的是防止空战受害者的恐惧和不满情绪演变为反抗行为。针对“瓦解军心者”和“阴谋家”有一系列的措施，这些措施同样适用于传播谣言和政治笑话的人。在第一次千机轰炸科隆后，纳粹又补充了惩罚掠夺者的规定。参加援助、营救和清理工作的人，无论是外籍强制劳工、战俘还是“人民同志”都不可避免地会接触到贵重物品、家用器具、食物储藏等。“掠夺”很容易转变为政治事件，必须予以严厉制裁。特别法庭有权当庭宣判“掠夺者”死刑。外籍劳动力，尤其是波兰人和“东部劳动者”不经审判就交由盖世太保处决或由警察当场枪毙。为了安抚大众，报刊详细报道各个案件，然而惩罚的残酷无情往往还是不能让大众接受。

应对的宣传措施还包括成立工作组负责城市的重建工作，目的是让人们相信一切会很快重返和平。专家们激情四溢地介绍着新规划并勾勒出一幅幅欣欣向荣的城市图景，“人民同志”的反应则十分平淡。德国大众也无法理解宣传部长戈培尔讽刺的话语，如果他们弄懂戈培尔的言下之意：他实际上十分感激英国人摧毁了德国的城市，因为这样一来出现的将是更大和更美的城市。

比这些计划更为紧急的是为越来越多的流离失所者提供住处。自英国1942年夏天加大轰炸力度以来，大部分因空袭无家可归的人在城里再也找不到替代住所了。纳粹计划在德国西部和北部的人口稠密地区斥巨资盖建联排住宅式的大棚屋，在城郊建立新居民点。然而这样的临时住房计划跟不上轰炸的脚步。1943年，整个德国一夜间出现的无家可归者比1942年一整年的统计结果还要多。因此纳粹下令搭建简单的棚屋，许

1943年，轰炸受害者在布兰登堡城门前接受急救物资供应。

Schutzraum 2
50 Personen
Ruhe bewahren!
Rauchen verboten!

多犹太强迫劳工参与其中。按当时的设想，这些棚屋战后可以作为园亭使用。

纳粹统治试图利用这些临时住房将这些急需的德国劳动力集中在工业设施附近，进行监控并统一投入使用。为了降低轰炸对平民“士气”和军工生产能力的影响，换掉破损的家用器具也成为受关心的话题。轰炸力度的加强导致损失规模飙升，纳粹政党将向受害者提供紧急救助视为首要任务，准备了衣服和生活用品等各种救助品，从牙刷到儿童玩具一应俱全。因此，1943年用于民事需要的消费品生产再度上升。为了解决空战牺牲者的紧急供给问题，纳粹不惜动用被占区和被开除出“民众共同体”人员的财产。德国犹太人的被放逐为国家的大肆掠夺制造了机会。1942—1944年间，被占区的犹太人财产被大量充公。尤其是在西欧，大量的家具被没收并运入帝国。莱茵和鲁尔河沿岸的受重创城市光从法国就收到近20000车皮物资；“犹太人家具”通过内河船只运输。轰炸受害者从这些货运中受益。

德国城市中的犹太居民从1939年秋天起居住在所谓的犹太住宅中，毫无保护措施。因为遭受轰炸的“人民同志”，很多地方犹太人的房子被没收。1942年5月30日大轰炸后，部分民众将科隆大教堂遭轰炸和之前德国境内犹太教堂被毁之事联系起来，安全局记录了人数。汉堡纳粹党部头目考夫曼1942年9月给戈林的一封信中建议将犹太人从城中撤走以给轰炸受害者腾出房子，希特勒表示了明确的支持。大屠杀和大轰炸就此建立起了直接联系。一年后盟军的轰炸因此被认为是对谋杀犹太人的报复，即“犹太的复仇”。传言如果犹太人作为人质留在城中的话，就不会有大轰炸。

德国空军一直不理解，为什么他们不能效仿盟军对德国的作为，对

人们拥坐在一个公共防空场所内。墙上写着：2号防空所　50人　保持安静！　禁止吸烟！

英国进行有效的报复打击。戈林的空军当然早就与英国轰炸机司令部在激战中。1941年夏天起他的军队不得不大幅度减少对英国岛屿的攻击。同样的情形发生在用来保证帝国防空的战斗机上。对敌方轰炸机的防御越来越依赖地面部队。积极防空——除日夜派出战斗机——主要落在世界上最大的高炮部队的肩上。180万空军士兵中的大部分人服务于高炮部队，整个空战中有超过40万名男女作为临时人员参与其中，其中包括8万名学生和6万名战俘。这加强了部队的战斗力并平衡了损失。

年轻的空军士兵按原来的编队作为步兵上了前线，这导致了很多无谓的牺牲。他们在高炮旁的位置由15~17岁的学生代替。学生教师随行授课。年轻女孩和妇女在测量仪表和探照灯旁工作。重体力活主要由苏联

1941—1942年，柏林动物园高炮塔上的重型高炮部队。

战俘、年轻的捷克人、波兰人和匈牙利人去做：他们必须拖运子弹。因此，戈林的评价不无讥讽：他的高炮部队像一个“联合国”。

空军建造了更多的火炮（约6万门），其次才是战斗机（约5万架）。国防军全部炮弹的12%用于高炮，这是陆军野战炮用量的两倍。

使用中的8.8厘米高炮。

单是用于生产高炮子弹的铝就足以建造4万架战斗机。上千门重型火炮的功用是掩护炮火障碍；一次射击可能要16000枚炮弹，而战斗机击中敌人往往只需一次连发射击。

不过，美国损毁的轰炸机中1/3是高炮造成的，被高炮击中损伤的轰炸机更多。高炮的使用对盟军的轰炸机进攻造成持续性的干扰，使其分散。尤其是重炮能有效阻止炸弹飞向各个目标。1944年春天德军失去对帝国的制空权后，上万门高射炮成为德国空军唯一的武器；炮弹不绝于耳的轰隆声让民众相信德国还未完全丧失抵抗力。

德国高炮部队在1945年1月1日取得了最大的胜利。这一天高炮部队的命中率创下了最高纪录。德国空军借助高度秘密的“底板作战”（Unternehmen Bodenplatte）试图用最后一次大规模投入支持阿登攻势。1035架战斗机、战斗轰炸机和快速轰炸机袭击了盟军在荷兰南部、比利时和北非的飞机场。479架敌机被毁，但德军返航时也折损了277架飞机，大部分是因为没有及时通知己方的高炮而被击落。

用于建设高炮部队的花费与取得的结果不成正比。直至战争结束，便宜的高射导弹替代品的研制工作还在进行中。德国人为这种巨炮付出了昂贵的代价。用以击落一架盟军轰炸机所需的材料和士兵足以抵挡苏联的一次大进攻。尽管一部分高效的8.8厘米高炮后来被用于阻击坦克且效果相当好，但总体而言在决战阶段德军缺少炮兵火力。在重点区域，只能由俯冲轰炸机和战斗轰炸机取而代之。

与此同时，军队在秘密地制造远程导弹，目的是在战略空战中给兵力不足的空军以支持。然而，如果这些资金不是用来制造A-4火箭，而是歼击机的话，结果将是24000架。这显示出德方在战争指挥上的弱点。在多线作战及与占优势的敌军联盟进行激烈的闪电战后拿不出有说服力的方案，因为结构缺陷和意识形态前提陷入矛盾并在决策上表现得犹豫不决。

汉斯-戴特勒夫·海勒（Hans-Detlef Heller），1943年起任柏林帝国首都国防中心炮兵助手。

“一天，一个军官走进我们的课堂并宣布2月15日起1926年和1927年出生的学生将作为空军助手应召入伍。我们发出了震耳欲聋的欢呼声。现在我们终于是士兵了！我们一直担心自己与战争擦肩而过，因为年龄的原因——现在我们是其中的一员了！空军助手在组织上属于我们还没有资格加入的希特勒青年团。我们觉得自己是士兵了，因此争夺希特勒青年团袖章在情理当中。

“一个火炮队由9人组成：炮长和瞄准炮手，他们负责调整火炮和弹药筒引爆装置；两个装弹药和负责射击的士兵；还有四个拖运子弹的人。瞄准炮手是空军助手。装弹药和发射由真正的士兵执行，将弹药筒从掩体中运送出来是苏联士兵的任务。

“参与战争满足了我们年轻人的冒险欲望。警报一响，我们就迫不及待地穿上制服，匆匆赶赴防弹堤保护下的火炮。接着，我们就看到了试图捕捉敌机的探照灯。在我们最早参加的一次攻击中，我们的身边落下了一枚膛炸炮弹并发出震耳欲聋的声响。炮弹在运行中爆炸，整个火炮管都炸裂了。一个士兵的头部被管子碎片击中死去，这给我们留下了深刻的印象。但是我们并没感到沮丧，而是更加坚信我们的工作是多么重要和危险。这让我们有亲历战争的真实感，尽管我们不在前线上。”

哈因茨·勒克（Heinz Rökker），驾驶夜间战斗机成功执行任务100多次，击落敌机64架。

“英国飞机1940年对柏林第一次轰炸的当晚我们在外面值勤。那是些零散的飞机，不是飞机群。它们大部分暴露在探照灯下。我对自己说，借助探照灯打下一架飞机应该不是难事。我们看得很清楚，这是我报名参加夜间战斗机部队的原因。轰炸机无力对抗我们，因为我们总是出没无声息。飞行员视力很好，可以往下方看，但这没用。我们可以在敌机下方飞，尽量做适应飞行并全程追击。他们有所谓的摆动飞行技巧；不停地从一侧飞向另一侧，认为这样可以摆脱掉夜间战斗机，但收效甚微。我们可以做适应飞行。战斗飞行员可以通过装在飞机顶上的反射式瞄准器射击任何地方——主要攻击对象是机腹，因为我们知道那是油箱所在地，只需一发炮弹油箱就会燃烧起来。我们总是用燃烧弹，这是我们生命的保障，因为它让敌人没有机会还击。奇怪的是：在夜色中人们看到的只是飞机，坐在飞机里的人我们看不到，应该一共有7个人。我们不去想这个问题。我们首先看到的是飞机，是飞机就必须被击落并使之燃烧起来，我从未有过道德问题的困扰。”

早在1940年5月空军炮兵部队就无力阻止英国轰炸机的战略轰炸。尤其夜间袭击更是防不胜防。直至1940年6月1日约瑟夫·卡姆胡贝尔将军才收到命令，建立应对英国战机的抵御系统。他将在前线作战中表现一般的Me-110战斗机（旧称驱逐机）当作重型夜间战斗机用以攻击被探照灯搜索到的敌机。当年秋天，雷达示波器即“维尔茨堡”雷达使此系统更加完善。探照灯、高炮和雷达构成所谓的引导系统区域。这个防御系统由直径约65千米的互相重叠的圆圈组成。地面上的战斗机指挥官通过对讲机指挥本方的夜间战斗机迎战在雷达显示屏上呈红点移动的轰炸机。航向侦听器警告高炮操作人员，他们被部署在目标附近，负责拦阻射击。

卡姆胡贝尔防线从丹麦边界延伸至巴黎。其目的是充分利用轰炸机中队早期的战略薄弱点。由于缺少导航工具，盟军不得不派出单个飞机间断飞行。这让夜间战斗机有足够的机会跟踪和攻击落单的轰炸机。仅1940年一年，英国人就因此损失了492架飞机，1941年达到1034架。相比之下，只有三分之一的飞机是被高射炮击落的。直到1942年春天“前

1943年春天，戈林视察柏林动物园掩蔽所。

进”（Gee）无线电导航系统出现后，轰炸机司令部才得以大编队非单机的形式飞越卡姆胡贝尔防线。编队飞行可以更好地抵御德军的夜间战斗机并保证更多的飞机抵达目标地。因此尽管地面防御系统不断完善，依然有大量飞机成功突破卡姆胡贝尔防线。

事实证明，战争开始的头三年里德国民众生活相对安全。尽管戈林的空军不能将英国轰炸机抵挡在帝国领空之外，但每个月四五次的轰炸只波及德国西部和北部的大城市，造成的损失也相对较小。弹坑和被毁的房屋甚至成为猎奇者的郊游场所。平均每10架轰炸机造成德方一人死亡。如此看来，对德国的战略攻击给英国人带来的危险更甚于德国人。此外，戈林的空军还一直动用更强有力的兵力反攻英国的城市。

然而随着双方攻击力的颠覆，这一切在1942年春天结束。英国人通过对卢卑克和科隆的猛烈轰炸证明了他们将整个城市中心夷为平地的能力。通过对德国经济中心、军工中心和住宅区的联合进攻，盟军试图给德国的战争领导者以致命打击。越来越多的伦敦市民主张对德国民众的“士气”进行毫不留情的毁灭性轰炸，如此反希特勒联盟就可以由防守姿态转向摧毁轴心国的主动出击状态。哈里斯深信，随着美国人进入欧洲战场，战略空战也将出现转折。

11

系统打击德国的战争潜力

1943年1月，丘吉尔和罗斯福在卡萨布兰卡决定对盟军战略进行大改动。盟军兵力被困北非，将计划中对西欧的进攻推迟到来年就成为必然。德军在此期间已经采取了很多合理化措施以提高军工生产能力，为了不给德军喘息之机并满足斯大林对开辟第二战场的要求，两国首脑决定对德国的战斗潜力发起最有力的轰炸来对希特勒施压。没有人真的相信这样可以决定战争的结局。但是盟军希望，“不断破坏和摧毁德国的军事、工业和经济结构及打击德国民众的士气，摧毁其武装反抗的能力”，可以避免盟军的进攻以血流成河收场。

首要任务是打击军事目标；最后要考虑的才是恫吓居民，动摇民心。在宣言中，两国首脑表明他们从未期望德国人起来反抗纳粹政府。无条件投降的要求明确表明罗斯福和丘吉尔不会给德国人类似1918年那样宽大的战争处理结局。即便是反对派军事力量掌控国家也不能阻止盟军对德国人的处置。

反希特勒联盟的两大首脑是否担心“无条件投降”的要求会使德国战争团体更加团结并且纳粹政府甚至将更强大呢？无论如何，轰炸任务难度并未降低。但是盟军情报人员鉴于德军在斯大林格勒的惨败不排除红军迅速向西部挺进的可能性。盟军在大西洋上还忙着驱赶德国的潜艇，德军此时在东部的崩溃对“乔大叔”（斯大林）和丘吉尔都是不可想象的事，正如他们共同的敌人希特勒要掌控欧洲大陆纯属妄想一样。即使在盟军集中火力的轰炸下德国有可能迅速崩溃，这也不符合西方同盟国的利益。

因此空袭的目标被定为大力削弱德国“武装反抗的能力”，并且遵从“循序渐进破坏”的节奏，而非一蹴而就！下面的想法颇具讽刺性：盟军希望德军在未来的12个月有足够的战斗力拖延红军向西挺进，但同时也兵力衰微到可以保证盟军在1944年夏天的安全登陆并迅速攻入德国。罗斯福和丘吉尔就研制原子弹达成一致；这可以让盟军在必要情况下逼德国人一下就范。

德国独裁者接受了这一挑战。戈培尔在柏林组织了大规模的集会，希特勒的广大追随者对“你们要不要全面战争？”这个反问做出了狂

德军的远程战斗机Bf-110。

热的呼应。这给征募更多的物资和兵员大开合理之门，不仅是对外籍强制劳工、战俘和集中营囚犯的剥削，也包括了对德国民众的劳动剥削。希特勒对自己很快就可以再度拥有惊人的战斗力充满信心。突尼斯守住了，东部也做好了借助有绝对优势的“虎”式坦克攻击并消灭位于库尔斯克弧形地带的红军的准备。

在佩内明德，飞行炸弹和远程导弹系列生产即将开始，新的喷气式战斗机Me-262也已投入生产。德国国防军最高统帅部（OKW）力图发动毒气和细菌战以确保对东部切实有效的封锁。不过只要希特勒对很快收复东部并转向西部作战有信心，他就不允许使用大规模杀伤武器。

戈林的空军根本没机会对盟军的轰炸作准备。大部分战斗机被困在地中海和东部前线。按照希特勒的策略，所有的兵力不能都用来保护帝国，从一开始就阻止英美联军也就没有可能。虽然产量增加，德军可用飞机的数量还是没有明显提高。因为战斗机在前线越来越被当作“飞行炮兵部队”，大幅度提高战斗机产量的空间还是很小。1943年5月，空军近一半的飞机（3500架）投入到东线，与东部战役开始时相同。而与此同时，斯大林手中的飞机再次超过10000架。此种情形下能否冲破红军在库尔斯克密集的防守线很成问题。

另外，德军有约300架战斗机和450架夜间战斗机从其他战线撤回投入帝国防空。因此苏联的攻击机在东部掌握了制空权，盟军得以借助空军的保护在地中海登陆意大利。

“直射”（Piontblank）是在卡萨布兰卡宣布的轰炸攻势代号，这场盟军和德国防空争夺新技术和进攻方式的竞赛代价惨重。英国轰炸机司令部主要借助新型的四发动机远程轰炸机并拥有一种特别有效的快速轰炸机——德·哈维兰“蚊”式机（de Havilland Mosquito)。这种双发动机飞机有着特别的木质结构，因为速度快和飞行高不易受德国防空力量的攻击。凭借闪电般的干扰攻击，它给德国人制造了很大的麻烦并因此威名远扬。

要提高轰炸效果，关键是在艰苦的条件下将不断增加的炸弹负载安全送抵目的地。英国人的导航系统“前进”很快就被德国空军破坏。新的“H2o”系统“温馨家园”（Sweet Home）是一种机载雷达，可以帮助飞机在阴天或有工业浓雾时进行盲飞。电子目标定位仪“欧波”（Oboe：Obersever bombing over eney）借助两束发射波引领向导飞机前往目标，飞机在目标上投下发光标记，轰炸机借此找到目标。此系统还有待完善，但它是在无线电和雷达战中取得上风的重要里程碑。

1943年德军给夜间战斗机配备上机载雷达“亮石”（Lichtenstein）。这样就算看不到，战斗机中队也可以借助机头上庞大的天线攻击轰炸机大队。当然英国人很快找到了破坏雷达的办法，因此德军换用了更有效的广角雷达。对被火光和探照灯照亮的目标，空军采用了“野猪”策略。单发动机的战斗机攻击可视范围内的轰炸机。盟军飞机在返航时有很大的风险，燃料不足和高炮射击是头等问题。另外，德军的夜间战斗机潜入轰炸机行列中并因此取得相当高的命中率。盟军的轰炸机在飞行

性能卓越的快速轰炸机——英国的德·哈维兰“蚊”式战斗轰炸机。

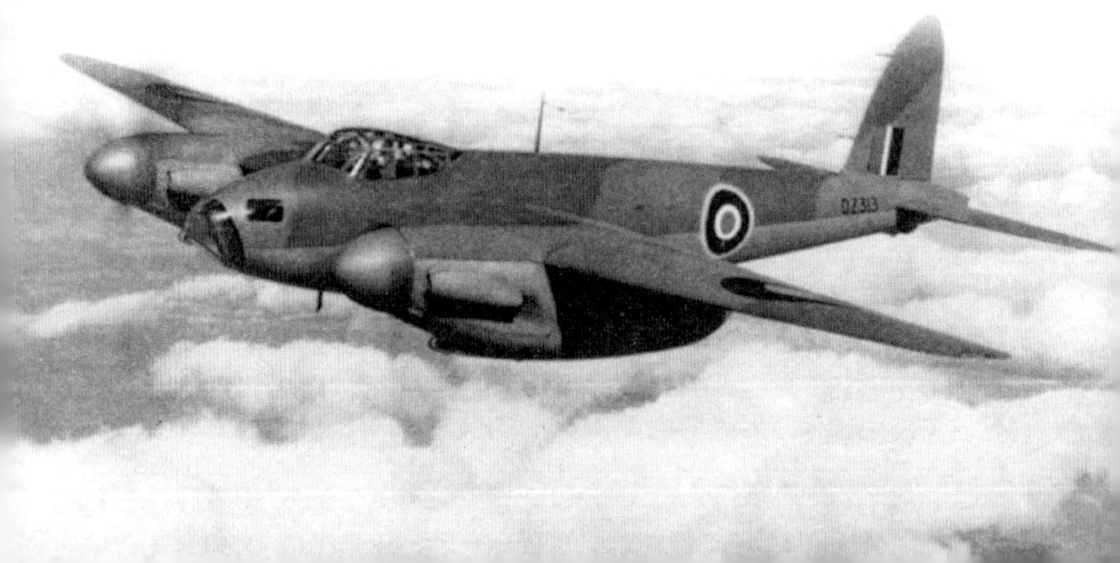

卡姆胡贝尔线时再度遭受灵活的战斗机的突袭并被迫冲破高炮部队的封锁火力——简而言之：每次轰炸机中队的出征都意味着飞行员的生命风险。

因此，通过在法国的指挥行动获取德国的“维尔茨堡”地面雷达成为英国情报机构重要的一步棋。同时，德军夜间战斗机的机上雷达也于1943年5月9日落入了英国人手中。一架Ju-88的两名机组人员在逃往英格兰时投靠了英国的情报机构。另外一名机组人员进行了激烈的反抗，最终被他们用手枪制服。英国人于是得以检验己方干扰措施的有效性。他们的方法很简单：投掷大量的金属箔条干扰雷达屏显示“窗口”并使轰炸机不可见。德国人做了类似的试验，代号为“丢佩尔”。但是双方都不愿意在实际中使用而让对方注意到这种可能性。如果英国人借助“窗口”帮助轰炸机冲破阻碍，他们同样担心德国人在反击时也使英国人的防卫如同虚设。哈里斯元帅因此迟迟没有启动“窗口”方案，直至德国人被逼入防御战阶段并且英美兵力得到极大的恢复。

英国空军轰炸机司令部和美国陆军第8航空队在盟军总进攻前的12个月里实施了三次大轰炸，为的是完成卡萨布兰卡任务并为占领德国做好准备。哈里斯还想向其他心存疑虑的盟军指挥官和政治首脑证明单凭他的轰炸机就能左右战争的结局。

1943年春天，空军首先接受了海军的委托，通过轰炸德国潜艇基地和造船厂支持大西洋战争。因此，落在法国境内的炸弹和落入德国的一样多。因为摧毁大的潜艇掩体基本上不可能，盟军动用了很多燃烧弹。船厂和军事设备的运行因为附近住宅楼的大面积荒废受阻。然而，利用远程轰炸机进行巡逻飞行以及攻击潜艇以填补大西洋中部的空当是更加行之有效的方法。海军上将邓尼茨的“狼群”（Wolfsrudel）很快就无法再去攻击盟军的护航舰队。

自信并希望有所作为的美国人聪明而谨慎地扩大自己的活动范围，

目的是帮助年轻的飞行员积累战争经验。1943年春天，他们白天的空袭主要以法国和意大利为目标，在这里他们不用担心防空卫戍。数百名意大利平民在那不勒斯、卡利亚里、巴勒莫和卡塔尼亚的轰炸中丧生。德国的一些军工目标如威廉港和基尔暂时免受攻击。而位于比扬古尔的法国雷诺工厂于1943年4月4日遭受重创。此次轰炸中，平民死228人，伤500人。更为严重的是美军次日对安特卫普工业地区的轰炸，2130人丧生，其中包括300名儿童。

1943年春，美空军对意大利的交通目标投掷炸弹。

这些例子说明，就算是在白天，轰炸机也不能精确击中没有防御的目标。这也给被占区支持盟军胜利的民众带来伤亡。技术辅助手段功效的提高也没带来太多改变。此时已进入波希米亚军工中心的英国人也必须了解这一点。在攻击必尔森的斯柯达工厂时，大部分炸弹落到了这个工业城市西南边的一个小地方。德国防空力量成功拦截12%的炸弹——一个英国人无法接受的损失率。

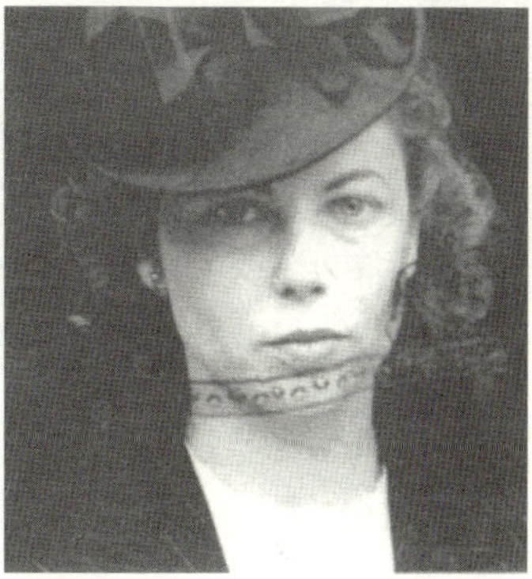

让-阿隆（Jean Allon），英国战斗机驾驶员比利 伯顿（Billy Burton）的妻子，讲述千百位战斗飞行员遗孀的命运。

“我最后一次见他是在火车站。我与他道别并天真地盼着他将被晋升为上校。我相信他并非去参战，也不会有什么危险。他和其他人一起前往康沃尔（Cornwall）。他们原本打算晚上动身。然而，队中有个高级军官坚持要白天走。据说我丈夫告诉他这么做太危险了。但是这个人的军衔更高，没人能反对他的要求。于是他们在6月3日飞往直布罗陀（Gibraltar）。两天后我收到一封电报。他们永远也无法到达目的地了。

“没人能跟我讲述更多的细节。我度过了一段艰难的日子。红十字会的人要么说：‘他们会找到您丈夫的！’又或者：‘放弃吧，不可能有希望的！’这太可怕了。我所能做的只是等待和期望。

“58年后我知道了真相。一架容克斯飞机发现并击落了他们。从此我的比利就永远躺在了大西洋洋底。当时，我甚至无法为他立一座墓碑。今天他和20000名其他死难英国皇家空军飞行员的名字一起刻在温莎（Windsor）士兵纪念碑上，他们永远也无法有自己的坟墓。”

1943年3月5日“鲁尔战役”一开始，英国人就战略明确，客观计算德国平民的死亡人数。三年多来盟军一直徒劳地尝试用空袭造成他们心目中重要的德国军工中心的瘫痪。现在一系列的夜间大轰炸终于使这个目标成为可能。莱茵河和鲁尔河岸的城市和众多的工业人口必须被消灭，唯有如此才能大大削弱希特勒的战争机器。罗斯福和丘吉尔在呼吁意大利人起来反抗并用轰炸施压的同时，对德国人采取了不同的政策。众多的工业地区被公开宣布为作战区。妇女儿童应该立刻从这些“战场”撤离。不听从警告的人“后果自负”。

格哈德·哈尔里希（Gerhard Heilig），曾逃离纳粹，前往伦敦，被英国皇家空军培训成无线电干扰人员。

“我们没有装炸弹，但是与轰炸机队伍同行护航。我们分布在轰炸机的上方。第一次出行的日子比较特别。我问其他人：‘你们知道，今天是几号吗？4月20号！元首的生日！我希望亲自向他转达我最糟糕的祝福。’出发前，机长问我：‘你认为我们所做的事有用吗？’后来我对他说：‘我想，事情总有它的意义。’——没人想为一个幻象搭上自己的性命。

“我的任务是干扰德国夜间战斗机之间的无线电联络。我坐在自己的小房间里，盯着我面前的屏幕并发送可怕的噪声。我根本无从看到下面正在发生的事。高炮炮弹爆炸的时候，我会听到啪的声响。有时候我休息几秒钟。我的座位后面有一个可以扔东西的管道，透过它我看到下面的火光。很快，我就意识到我该继续工作了。”

摘自英国政府1943年6月26日的传单：

我们决定摧毁这些工业并且拥有贯彻这一决定的手段……我们将继续和加大轰炸力度，直到莱茵威斯特伐利亚工业地区的军事生产完全被破坏且无再建之可能。

上述目标达成之前，莱茵威斯特伐利亚地区将一直是战场。任何一个在此战场逗留的平民当然都会有生命危险，就像任何一个不经许可滞留在战场上的平民一样……对于妇女和儿童来说，战场上没有他们要找的东西。而军工厂中的职工与军队中的士兵没有两样，必须对他们的防卫予以打击和毁灭。处于此种境地中的士兵可以停战并毫无必要为此感到羞愧。

盟军的这种客观实用主义利用了戈林关于全面战争以及政府工人一体的宣传方案。他们当然不会考虑德国民众中“沉默”的大部分人，不管他们依然追随纳粹政党还是在心里早已远离纳粹政府，根本没有机会选择工作岗位或居住场所。上百万的外籍强制劳工和战俘同样如此，身处炸弹目标区的他们和德国平民一样害怕丢掉性命。

在伦敦，当然没有人会认为德国人的“战争意志”会像意大利人那样迅速崩溃。人们可以思索轰炸德国军工业基地所带来的效应，虽然英国政府的宣传让人期待过高。空军元帅哈里斯深信己方空军的能力还未得到充分发挥。

走向灭亡

1944—1945年间德国的系统毁灭

12

鲁尔战役

丘吉尔和罗斯福的目标指示并非是一道谋杀德国平民的命令，但这显然是对早已成为空战一部分的毁灭性轰炸颁发了通行证。这样的毁灭并非以毁灭本身为目的，而是要摧毁德国的军事机器并实现盟军的胜利，这个胜利不能像第一次世界大战那样付出血的代价。盟军轰炸是有一定限度的，并且德国人决定了英国人会走多远。丘吉尔坚持要像英国斗牛犬一样紧紧咬住纳粹的脖子，直至他们放弃搏斗。

“鲁尔战役”正如人们所预料的那样以一场大攻击拉开序幕。1943年3月5日到6日夜间，412架飞机驶向埃森方向，369架抵达目的地并炸毁了5000多所房子。约400人丧生或失踪。这个高炮要塞被轰炸机机组人员讽刺地称为“有去无回地带”，而实际上只损失飞机14架，这已经是一个成功。类似规模的行动在当时只是常规行动，无法与一年前千机对科隆的大轰炸相提并论。在进攻埃森两天后，英国人也以类似的方式攻击了汉堡。英国人表现了很强的持续性，到1943年7月底几乎莱茵鲁尔地区所有的大城市都遭受了轰炸。这给此地区的基础设施造成严重危害。此外，轰炸损耗了德国的救助和维修能力并使这个工业地区不再适合居住。

德方在空袭中有15000多人死亡，其中很多是外籍强制劳工和战俘。英国损失了3000名左右的飞行人员。哈里斯积极推进空战试验并不断寻找既造成巨额军事和经济损失又让德国民众担心恐惧的新途径。一个代号为“严惩”特别行动就是以此为目标。1943年5月16日到17日的夜间，一个训练有素的编队将莫讷和埃德坚固的堤坝炸毁。这大大影响了鲁尔区的供给。更为可怕的是遭受大洪水破坏的灾区带来的恐惧在德国蔓延开来。传言有30000名死者。实际死亡人数为1600，其中1026人是外籍强迫服役者，包括500名海门小城一个木棚宿地的女性强制劳动者，她们是被洪水淹死的。

1943年3月和4月对埃森，5月对多特蒙德的多次地面轰炸及对蓄水坝的一次次攻击越来越增加了人们对空战的恐惧。德国人还能撑多久？柏林对此忧心忡忡。军备部长施佩尔认为他的“军备奇迹”成功数字受到了威胁。鲁尔地区不仅对坦克制造、潜艇和空军装备的配件供应意义重大，也是德国其他矿冶地区无法轻易取代的钢制造中心。希特勒下令大幅度提高钢产量并认为不如此德国就会在战争中失败。在与对手，尤

位于鲁尔区的莫讷蓄水坝，1943年5月17日被炸毁，洪水冲进山谷。

其是美国的军备竞赛中，“第三帝国”虽然采取了各种各样的合理化措施，还是处于落后的境地。因为空袭警报不断，空战损失巨大及气和电匮乏，德国原钢的产量到1944年春天下降了10%还要多，并且有继续下滑的态势。虽然加大对被占区的剥削又一次弥补了损失，但是军事情况迫使德国国防军步步后退，这使得为来年的决战提供补充物力的前景渺茫。

因此，施佩尔在莫讷灾难后立刻前往鲁尔地区以阻止进一步的溃败。托特（Todt）组织的所有可用建筑工人被征召修补鲁尔山谷因洪水

1943年3月起的“鲁尔战役”中被轰炸的鲁尔地区。

造成的灾害。德军在位于埃森的弗利克庄园设立了“鲁尔指挥部”。一些最重要的工业经理受命与此地区的交通、能源供给和管理专家共同协调用于削减损失的措施。首次在战争中遭受重创的德国西部工业通过这种方式得以重建。将生产完全转移到“抗轰炸”地区不现实，施佩尔面临着破坏和重建之间的竞赛，他也支撑不了太久。虽然个别部门和配件工厂耗巨资转移，但是空袭造成的停产也只是部分地区被抑制。向被占领的西欧地区大量转移生产也只能帮助缓和局势——德国军工生产的增长率总体而言下降了。

英国瓦解德军士气的空袭也相当成功。1943年5月23—24日，800架四发动机远程轰炸机飞向多特蒙德，650人因此丧生。轰炸对已备受空袭之灾的工业城市所带来的巨大破坏达到了一个可怕的顶点。

瓦伦丁·弗兰克（Valentin Frank），少年的他在1943年5月5—6日多特蒙德大轰炸中幸免于难。

“警报声大噪，我们已经看见了天上的‘圣诞树’。这表示轰炸机飞过来了。我们带着自己的一点财产奔向掩蔽所，爸爸带着他的公文包，妈妈拿着购物袋。城郊的人们已经看见了高炮的火光。噪声伴随着忽暗忽明的天空，仿佛暴风雨即将来临。快到掩蔽所时，我们发现了一个可怕的事实，我弟弟克莱门兹（Klomens）没和我们在一起！他还在屋子里睡觉。我发疯了一样冲回去。炸弹离我们越来越近。我把弟弟从床上拽起来，拿起一条大羊毛毯，在脖子前打了个结，把弟弟裹在毯子里背在身上狂跑起来，为了我，也为了克莱门兹的性命。轰炸机的轰隆声如同一首乐曲，上千架飞机似乎踩着一个节奏——可怕的声响！还有不绝于耳的高炮声：探照灯交叉射向天空，我们能看得被罩在里面的飞机，可怕的画面。我敲开掩蔽所的门挤进去。接着发生的事情让我大吃一惊！里面的人为我们的到来欢呼不已！妈妈热烈地亲吻我！如果我当时没把弟弟救出来的话，他将早已不在人世。

“当外面稍稍平静后，有几个人出去将伤者抬进来。我们没有包扎工具。我父亲和我冒险跑到卫兵的石屋去拿了几个枕头回来。陌生的人们跑过来吻我们，因为我们的勇气！不过，糟糕的是：他们不知道我父亲是个犹太人，而我是个所谓的半犹太人。他们想给我们颁发救生奖章！防空卫兵说他会替我们申请。这事之后我们逃往明斯特。因为身为犹太人，这将使我们身处险境。”

戈培尔在日记中提到了多特蒙德轰炸：

尽管英国人也承认，我们击落38架飞机，但是英国给我们造成的损失要大得多。来自多特蒙德的报告令人惨不忍睹。让人担心的是，工业和军事设备也受到重创。对于空战我们只能重复同样的话：我们处在无助的劣势中，只能强忍怒火面对英美人的空袭。

一轮又一轮的猛烈轰炸让德国人担心未来会更糟。在1943年5月29—30日对乌柏塔尔的大轰炸中，人们第一次观察到火风暴的现象。3500多人

盟军战后发现德国人大量的芥子气储存以及保存的“塔崩”炮弹和炸弹的弹药库——致命的化学武器，但未被使用。

成为受害者。1943年6月28日到29日夜间的科隆再次成为受攻击的对象。与去年相比，尽管“只有”540架轰炸机出现，但是4000多名死难者超出了人们所能预期的极限。一位目击证人写到：“浓烟大雾中不时有人出现。突击部队队员双眼红肿，气喘吁吁的难民肩上背着抢救出来的包袱。一匹死马肿胀得已经没了原形，躺在路边——可怕的场景——尸体、痉挛、无所遮掩……全面战争这个恶魔！这样可怕的场景我永生不能忘记。”

戈培尔匆忙赶往重要的战区并在集会上号召民众坚持下去。但是除了宣布“以恐怖对付恐怖”外，他没法给民众更多的信心。德国人民深感不安，他们相信盎格鲁撒克逊人现在将一个接一个地“彻底摧毁”德国的城市。戈培尔在日记中写到：“英国人继续这样轰炸下去的话，我们将面对极大的困难。这么做最大的威胁在于，从纯粹的心理学角度来看，民众觉得没有我们已经没有任何反击之力。”

即便纳粹政党做了深入的宣传和影响，德国民众被打击的“士气”也很难恢复。德国领导人对“最终胜利”的信心也与日俱减。1943年5月，柏林政府内笼罩着一片压抑的气氛。虽然不像意大利那样存在着严重的领导危机，但希特勒已经丧失了对“最终胜利”的坚定信念。除了重整“欧洲要塞”外，独裁者不能指望有更多的作为。如果国防军不能抵挡占有优势的敌机的攻击并且敌人的远程轰炸机摧毁了“后方基地”，他如何能阻止日益强大的敌人迟早会突破这个“要塞”呢？

因此，希特勒在鲁尔战役正酣时问他的专家是否能动用化学超级武器“塔崩”炮弹绝非偶然。因为新式的火箭和轰炸机很快就可以使用，希特勒也许是希望，借助现代化的大规模杀伤武器来个突然袭击，从战略上扭转一下局势。报复作战的要求每天都有，戈培尔和其他纳粹高级军官不断请示，希特勒也许认为这是对此要求的答复。大量使用报复武器打退入侵是早已作出的决定。即使人们坚持只用常规炸药，也不排除丘吉尔使用毒气进攻的可能性。那么希特勒就可以利用最新的“塔崩”炮弹作为“最后的决定武器”中断战争的升级并为自己赢得谈判的地位。

出乎他意料的是，法本化学工业公司的生化武器专家奥托·安布罗斯（Otto Ambros）劝他不要过早使用这些重要的神奇武器，因为对手将会在最短的时间内进行赶超，德国在这方面的领先就会因为盟军的空中优势而丧失。希特勒不愿作出这样的战略选择并下令到1944年春天“塔崩”炮弹的产量必须翻一番以保证数量上的优势。

通过鲁尔战役，工业界认识到德国无法赢得这场战争，德国康采恩有被彻底摧毁的危险。但是哈里斯出人意料地松开了掐住德国人脖子的手并暂停在西部的战争。这样施佩尔的鲁尔指挥部，德国军工的“心脏”才得以在日趋衰落的趋势下略有恢复。莱茵维斯特法伦工业区的人们在废墟中进行艰难的整理工作，虽然空袭还未完全中止。但这不过是敌人施舍的短暂歇息，盟军当时不想不计代价地摧毁德国。不过，这个机会比盟军负责人所认为或愿意认为的可能要好。

除了石油生产外，有色金属方面也出现瓶颈。锰、铬和镍是生产高品质军用钢材必不可少的。这些往往很难弄到的矿石必须经历一个重熔过程的加工，胜任此项任务的只有三个冶炼厂（分别位于安特卫普、汉堡和曼斯费尔德）。这三个冶炼厂都还没遭受过盟军轰炸。陆军统帅部1943年底的记录不无担心地提到：“这些备受关注的工厂哪怕一个停产了，也会造成严重的后果。我们通过强大的高炮防护来应对空袭危险。目前这些工厂还没被轰炸过，尽管英国知道德国的金属冶炼问题。但是他们完全高估了我们在那里的储存量。英国的经济报道中总是提到德国的金属奇迹。但他们不知道，这个奇迹是多么摇摇欲坠。”

伦敦的人们可以等待。美国人也打算彻底毁掉科隆的福特汽车康采恩及通用汽车康采恩旗下的欧宝工厂。尽管一些工厂位于美国占领区并作为敌方财产受监护，他们所生产的载重汽车依然承担着运送国防军的任务。

13

汉堡战役

英国人出人意料地中断鲁尔战役后开始了新的进攻。在动摇了德国军工之后他们想进一步打击德国人的斗志。他们盯上了汉堡。在目前断断续续的进攻下这个大城市的生活还没停下来。盟军计划中的地面轰炸主要以工人的居住区为目标。易北河边的人们随时准备着面对一场毁灭性的打击。80千米之外被烧毁的卢卑克就是一个不祥之兆。然而这个经

飞机被德国高炮部队击落的美军飞行员正前往一个战俘集中营。

济军工中心是无法将自己“隐藏”起来的。德国人只能信任自己强大的防御阵地、高炮和夜间战斗机。

英国人和美国人在1943年7月25日到8月3日之间对汉堡展开了一系列的轰炸，致使这个经济和居民中心几近消亡。“蛾摩拉”（Gomorrha）行动将这个德国第二大城市变成了上帝的裁判所和一片火海，这是对第三帝国德国人的惩罚和裁判。在四夜两天的攻击中3000架飞机向这个城市扔下了约9000吨的爆破炸弹、薄壳空投炸弹及大量的燃烧弹。7月27日到28日夜间欧洲境内的轰炸达到了恐怖最高潮。飓风般的攻击毁了整个城区，35000多人丧生。

无法估量的财产损失和惨烈的人员损失呈现给人们的是一副难以描述的灾难场景。很难说这对盟军有多大的军事意义。以冷静的历史眼光来看轰炸的战略效果，地狱般的景象也使一切变得晦暗无光。

摘自汉堡警察局局长官方记录：

街道上尸体遍横。带着孩子的母亲、男人、老人，焦黑的、完好的，衣冠整齐的、裸露的，如同橱窗模特般面如蜡色的，各种各样的姿态都有，平静安详或蜷缩一团、脸上流露着与死神作最后搏斗的痕迹。防空场所里是相同的场景，或者说更可怕，这里弥漫的是与残酷的命运作最后一搏的绝望气息。

戈培尔作为国内“情绪”负责人再次被高度震惊，他在日记中写到：“能组织规模如此大的进攻并且几乎没有中断，这显示了对方空军该有多么强大啊。我们击落的飞机远远不够。这对于国内情绪当然是个致命打击。”盟军因此接近了摧毁德国人斗志这个目标，汉堡轰炸幸存者的反应足以说明。灾难的程度使救援措施如杯水车薪。伤者和震惊者，疲惫、无助和绝望的人们一下子将矛头指向纳粹政权。纳粹党认为

此时最好不公然出面，而限于给受害者提供具体帮助。

这些救济将德国人的仇恨转移到盟军战斗飞行员身上。希姆莱1943年8月指示警察不要干预居民和“毁灭性空袭飞行员”之间的矛盾。1944年春天柏林系列轰炸后，马丁·宝曼在给省党部头目的通函中写道，跳伞和紧急着陆的敌机机组成员经常遭到私刑拷打。没有对犯人进行刑事责任的追究。此时，有50名英国空军从萨冈附近的战俘营逃往下西里西亚。盖世太保在戈林的默许下杀害了所有被捉回来的飞行员。警察和士兵不时从愤怒的德国民众手中将盟军飞行员解救出来。但也正是纳粹军官、盖世太保官员和国防军士兵经常在马路上拿战俘泄恨，满足自己复仇的欲望。

马克西米利安·马哈切克（Maximilian Machaczek）（左），一名汉堡药剂师的孩子在这次战火中幸免于难。

“人人拿着和自己身形相称的必备包袱。给我们家帮佣的女孩手里拿了两个包，里面是抹了黄油的面包和几件衣物。都是父母塞进去的用得上的东西。这个可怜的姑娘我们后来在蒂尔斯（Thörls）公园的一个深水洼处又碰见了。那是个潮湿的初夏，水洼里是水和几棵死了的树，我们有时攀上去玩耍。她就坐在一枝树干上。看起来无比的胆怯惊恐，手里还紧紧抓着那两个包。包拖在水里，完全湿

从圣·米歇尔教堂俯瞰汉堡的易北河岸，码头栈桥和老海洋观测所废墟。

了，而她显然一点儿也不关心这个。

“雾蒙蒙的天空中有一小块亮斑。那是从城里飘出来的烟粒，它将我们身边的空气变得恐怖阴森。太阳仿佛被冬日里的雪尘遮蔽，无法穿透。我们白天里只是走啊走的。当我们还在市区的时候，看见电车的电线垂落下来。大人们大声警告我们：‘别靠近，会有电的！’而实际上一切都被切断，也完全坏了。根本就没有电。我是那么疲惫，只是机械地迈着脚步……房子坍塌了，街道就是一个弹坑。马路两边是一层楼那么高的石堆，上面只剩下残垣断壁。一切都让人不寒而栗。”

最出名的事件发生在1944年8月26日的吕塞尔斯海姆。当时，一架美国战斗机的7个机组成员穿过街道时被广场上愤怒的人群用锤子和棍子打死。当地居民前一天夜里刚刚经历了英国轰炸机司令部的猛烈攻击。战争最后几个月里，低空飞行再次激起了德国民众的愤恨情绪并引起无数的袭击行动。至少有350名飞行员被杀死，战后盟军对此进行了仔细的调查和严厉惩办。根据保安处的观察，这些泄愤行为只是例外现象，而德国民众中“敌人优势带来的挫败感”和无助感不断上升。

1944年2月7日保安处关于“民众对敌人态度”的报告：

从这些报告中可以看出，迄今为止民众对敌人的仇恨情绪还只处于萌芽阶段。深仇大恨不是德国人民的本性。一些具体的事件如轰炸科隆大教堂，1943年12月24日投放的长时间引爆装置炸弹，美国飞行员自称为谋杀协会，丘吉尔、罗斯福或犹太领导人的言论等都引起民众的厌恶和仇恨之辞，但是这些仇恨情绪很快就消散，取而代之的是对这场带来无穷灾难战争的宿命感。

鲍勃·阿米特（Bob Armit），英国皇家空军1943年7月27日汉堡“蛾摩拉”行动中的投弹手。

“导航员告诉我们位置和距离。作为投弹手我必须在这个地方瞄准目标。当这一切完成，我就给飞行员下指令，向左，再向右点，以保证瞄准仪锁定照准点。我必须做好准备工作以保证炸弹撞击时爆炸。投掷炸弹首先是一个技术活。我不会考虑我做的事情对不对。这就是我的工作：按下按钮并返航。我们不会总认为自己是个魔鬼，我甚至对自己的工作有些自豪，虽然这给很多人带来了伤害。

“但是我承认，轰炸汉堡给我留下了悲壮的印象。一开始我根本不清楚发生了什么。我当然看到了下面的火光。烈火到处蔓延。我回来后，看到了报纸上的可怕报道。其中讲述了一个母亲和她年幼女儿的故事。火很大，马路上的柏油熔化了。母亲和女儿还是要试着穿过马路，可是小姑娘绊了一下并摔倒了。做母亲的在试图将女儿从柏油中拉出来的时候死掉了。这个故事我怎么也不能忘记。我觉得自己有罪。我就是那个摁下按钮的人！”

对汉堡的巨大打击依然不足以摧毁德国的反抗，而施佩尔坚持认为，六次这样的攻击就可以取得上述结果。哈里斯还是中止了这个试验。汉堡给空战技术人员提供了重要的经验：如果造成防御瘫痪并通过系统使用弹药造成高度破坏，就可以随意让德国大城市变成一片废墟。此外，在汉堡轰炸中盟军首次使用金属箔条加强了进攻效果；德国防空军的雷达受到严重影响，轰炸机不受战斗机的袭扰就能攻入防范严密的大城市。

克特·瑞马克（Käthe Rymarcyk），这名来自埃森斯（Esens）/东弗里斯兰（Ostfriesland）的女教师经历了“随机轰炸”。

“我们有个地下室，但不是掩蔽所。几根大柱子撑着地下室。埃森斯——我的上帝——埃森斯有个牛奶场，仅此而已！难道一个牛奶场也和战争有关吗？这些女孩中有一半人在田地里劳作。有时候会有警报声，我们侧耳聆听就能听到飞机群的声音。但这次是另外一种声响，不像飞机在高空飞行的声音。可怕的噪声！无数飞机的轰鸣作响我这辈子都忘不掉。那声音是那么的可怕、低沉又极具威胁性。

“我穿过盥洗室跑向地下室，从这一刻起我的记忆出现了空白。我只知道：当我再次恢复知觉时，周围是那么安静。我什么也听不见。当然周围不可能是安静的，想想都知道。但我什么也听不见，我想：‘结束了，安静了——世界完了！’瓦砾和碎石崩进门里面。我的听觉终于慢慢恢复了。我听到孩子们在石头堆后的尖叫声。于是我开始搬动石头，但是毫无意义。

“这时很多人进来帮忙。营救延续了很长时间，用上了大探照灯。当第一批女孩出现在我面前时，我不得不努力去辨认。这花了相当长的时间。然后士兵们说：‘这儿还有些女孩，我们不想让您看到。’我请求他们将缝在孩子们衣服里的首字母告诉我。我又一次地想，世界末日真的来了。”

空战策略和技术的发展加快了速度。德国空军积极寻找消除雷达干扰特别是对夜间战斗机雷达干扰的方法。直至战争结束，德国高炮部队也未能克服这个技术障碍。德国的电子技术业发展追赶不上英国的脚步。改变作战方法可以带来空战中较大的胜利。从地面指挥夜间战斗机的“战斗机引导系统区域”被证明过于昂贵且不灵活。“野猪”作战方式让战斗机处于熊熊燃烧的目标上方，处于已方的高炮火力中并可能撞上敌人的轰炸机。随着深入飞行，及时发现敌机并将双发动机快速夜间战斗机插入轰炸机队伍成为可能，战斗机可以在跟踪飞行中灵活持续地攻击笨重的轰炸机。

不断出现的新问题亟须技术解决，如研发辨敌友的仪器。每一次的尝试都包含了对重大成功的希望和期待。然而戈林的飞行员即使在1943年的德国空战中也没能击落超过5%的敌机。这远远不能帮助实现期望中的空战转折。当英国人不能利用恶劣的天气时，他们就采用新的计谋和欺骗措施。例如，在一次进攻中飞机四面出击，直到最后一刻才飞向真正的目标。轰炸机数目的增多使得同时组织两次大进攻袭击不同目标成为可能，德国夜间战斗机的重点防御因此被瓦解。盟军的夜间战斗机还在飞机场以及德军夜间战斗机起降时成功地实施了袭击。

盟军的空中攻势迫使德国的战斗机生产增长。尽管德军在突尼斯之战中损失了1000多架飞机，对苏联的夏季攻势也以失败告终并损失了同样多的飞机，1943年德国用来保卫帝国的战斗机产量还是有明显增长。这给盟军造成很大的困扰——当然主要是数目上的考虑，因为德国人虽然做了很多试验和改善依然没有研制出有优势的武器体系。根据空战将军们的观点，正在加速研制的Me-262飞机可以帮助实现这一目标，但是这种速度极快的喷气式飞机的主要功能一直被定位为快速轰炸机。

14

用报复来防御

失去耐心是希特勒在研制优势武器体系方面作出错误决策的一个重要原因；他急欲通过对英国岛屿进行报复打击来证明己方实力。煽动性的宣传词激发了国内民众的热情，独裁者深信，所有的防御措施都不能带来胜利，恐怖只能用恐怖来打破。要让英国人罢手，前提必须是“他们的城市被毁，而不是别的什么”。德国人民随着时间变得“暴躁”起来。“赢得战争的方式是，加倍返还敌人给我们造成的损失——让敌人知道战争的威力；战争从来都是这样，空战也不例外。”但是德国空军在这场破坏大赛中早已败下阵来。

在希特勒的快速战斗机进攻催逼下德国空军攻击了英国，但取得的战果不过是击落对方几十架飞机而已，没有造成长远的影响。飞行员在匆匆扔完飞机上的炸弹后能逃回国就庆幸不已了。利用集中营战俘生产的远程轰炸机He-177备受瞩目期待却迟迟不能问世。军事指挥高层内部的观点是，在大西洋上攻击盟军的护航队和反潜战斗机对英国人的影响要比希特勒下令攻击平民大得多。

然而独裁者坚持政治观念先行。对于空军难以成功攻击英国，他的反应是冷嘲热讽。当时只有三四十架轰炸机可供使用，此外这些飞机还很难在夜间准确地定位伦敦——尽管它是欧洲最大的城市。英国人成功地摧毁了所有的导航系统，德国航空兵必须呈蛇行曲线飞行以抵挡敌人夜间战斗机的袭击。损失率差不多为6%，长此以往德军难以承受。只有20%的炸弹被投放到目标区域内，1943年一共只有2300吨的量。

尽管如此，希特勒一整年都致力于提升毁灭性攻击的次数。他指责工业界，说他们的“四发动机破劳什子行动之慢”堪比玩具，没有继续建造的必要。德国人忙着建造He-177的改良机型。与技术上易受攻击的双发动机飞机不同，试验飞机用的是4台独立的发动机。德国人预计1945年前不会进入批量生产阶段。“攻打英国的首领”，迪特里希·派尔茨元帅认为此项花费纯属多余；他的旧式双发动机飞机是经得起考验的。但是靠它们无法模仿英国的模式进行地面大轰炸。对鲁尔轰炸和汉堡轰炸希特勒的反应是1943年夏末起为一次大攻势做准备。德国空军对战斗

不稳定的He-177，在慕尼黑的里姆（Riem）接受维护。

机的速度寄予了很大希望，目的是避开英国的战斗机。戈林许诺供应900架改进型飞机。

但是什么都缺——人力、零件和装备。He-177的战斗力不足使“帝国元帅”几近绝望。他认为应该将“这些四发动机的废物成批销毁”。派尔茨不知道如何用这些“小鸟”实施报复，如果每个月无100架重型轰炸机可用的话。负责空军装备的空军总监埃哈特·米尔希（Erhard Milch）却不得不将He-177的提供推迟到1944年秋天。在他看来，1941年春天就提供一种重型轰炸机是完全有可能的。他认为，那么“这将是飞机中的畅销货，可以使我们远远领先于他人”。

对过去错误决策的抱怨并无济于事。戈林不顾条件不足主张1944年初对英国岛屿发起进攻。他要求“报复敌人……日益剧增的毁灭性攻击，全面打击他们的城市（尤其是工业目标和港口中心）”。这个过程需要燃烧弹占到70%左右，因为他的信条是“用火……摧毁英国的城市……完全毁掉一个中等城市比部分地消灭一个大城市还要好”。虽然内部很多人主张发起一场完全的毁灭性空战，空军作战指挥部还是坚持打一场主攻经济目标的战略空战。因此德国人与盟军一样制订了一份关于关键工业、兵营、发电厂、蓄水坝等目标的详细计划。1943年底对英国的零星轰炸中止好几周，目的是让轰炸兵熟悉新的进攻形式和目标定位方法。

1944年1月22日，德国人对伦敦发起了一场大的夜袭，由此展开了新的轰炸攻势。这些轰炸被英国人戏称为“婴儿闪电”，这包含了两层含义：一来德军轰炸机数目比1940年少得多，二来他们对英国民众的威胁和影响要弱得多。每6小时有220架飞机携带475吨炸弹轰炸英国首都，其中60%是燃烧弹。从炸弹的数目可以推断出，参战的主要是旧式的双发

1944年春天德国多次轰炸了苏联的铁路中心，一架德国轰炸机在执行任务中。

动机Ju-88，新式的重型战斗机不超过35架Ju-188、27架Me-410和46架He-177。

轰炸结果令人发笑。只有一半的炸弹击中了英伦岛屿，只有30吨炸弹落在了英国首都内。一周后恶劣天气下的再次轰炸也没能改变这个结果。德军损失了8%的飞机，是英国人攻击德国时损失的两倍。100多名飞行员因为飞机的技术故障不得不中断飞行。希特勒在得知He-177的使用安全性依然不稳定时勃然大怒。对于一半参战飞机失灵现象，他的评论是，这“破飞机……是生产史上……最大的垃圾，蜗牛般的亨克尔”。许多轰炸机在黑暗中甚至找不到伦敦这个巨大的城市！

对伦敦的攻击于1944年4月中停止。只剩下对港口城市的零星袭击，直到1944年5月29日——盟军登陆诺曼底的前一周——德军的攻势被迫中止。德国空军的战斗力丧失至少带来了心理影响，更别说值得一提的军事胜利了。用炸弹和导弹阻止盟军进入英国南部早已是必然。然而此等规模的战略军事行动对国防军而言不仅仅现阶段才是超出能力范围的事情。纳粹宣传机器到处宣扬“神奇武器”，而施佩尔为建造新系统已经花费了巨额资金。“神奇武器”包括一些怪诞的想法如建造巨型火炮，也有急需的现代化潜水艇及有效的防空导弹。建造这些武器需要时间和金钱。而在密集的炸弹中进行生产的德国军工业早已不堪重荷。

施佩尔部长与陆军总司令部都寄希望于对苏联军工业的战略空袭。摧毁坦克工厂的流水线比在东线耗巨力阻击苏联的坦克群要有意义得多。在这方面德国人借鉴了盎格鲁撒克逊人的经验。此外，德国空军与处于全力防御和收缩成团的英国城市相反，在广阔的东部更有机会打破敌人的防空并摧毁既定目标。

施佩尔使用了热衷于攻击苏联发电厂的工业专家帮助实施目标计划。空军指挥部希望苏联的飞机制造厂被摧毁，而陆军指挥部要求攻击坦克工厂。早在准备1943年的夏季攻势库尔斯克“堡垒作战计划”

(Zitadelle)时，空军第6轰炸机联队就多次攻击了坦克制造中心高尔基城、亚罗斯拉夫的橡胶联合企业和库尔斯克的火车站。1553架飞机参与了轰炸，损失不大。飞机共投掷了2700吨炸弹并造成了相当大的损失。而同一时期落在德国境内的炸弹量达到了近十倍，因此国防军并没有取得什么战略效果。但是德国人相信，这个办法就算不能致使苏联的军工业瘫痪，也会对其造成重大损失。德军对未来空战的计划建立在希望He-177很快可以投入使用的基础上以及相信在“东墙”的掩护下牵制苏联红军的挺进。

德国在东部的轰炸——与西部不同——并非是出于报复的毁灭性轰炸。一方面是因为苏联空军的远程炸弹威胁力度不大，没有这个必要。另外，希特勒的人种观点使他相信俄罗斯“低等人种”固执，能容忍，很难被吓退。1943年底对苏联发电站和工厂的夜袭动用了约300架轰炸机，几乎全是旧式飞机，也有一些He 111和Ju-88的改进机型，攻击航程为800千米。

为期数月的中型战斗轰炸机的集合和培训削弱了德国在前线的战斗力，以致部分计划修建中的飞机场因为红军的挺进而取消。1944年7月期待已久的远程轰炸机He-177飞行编队进入东普鲁士，然而零星的进攻很快再度中止。飞机编队解散，飞行员们被培训使用战斗机。战争局势超出了空军的战略空战范围，放在三年前，可能还会起很大作用。戈林的战斗飞行员在战争的第5年里依然必须依靠不足的物资维持有限的轰炸攻势，这一度给德国人带来了无限的遐想。

1944年3月德国人放弃了工业目标，转为在东部大肆攻击铁路中心。根据卡死工业系统内关键领域的战略策略，对苏联的夏季攻势准备工作有了一个行动方案。德军为陆军利益着想试图阻挡敌人在东线中部的进军。铁路袭击持续了三个月。约有350架轰炸机参与了空袭，苏联空防抵挡不住，德军取得了胜利。尽管如此，一直宣传德军轰炸与盟军空袭德国妇女儿童有本质不同的德国人也没能真正阻挡苏联进军的步伐。今天我们知道，德国空军上了敌人的圈套（“马斯基罗夫卡”）。1941年6月22日开始的对苏联攻势很快就导致了德国中央集团军群的崩溃，这是德国军事史上最大的失败。

德国空军在东部仅取得了一次真正的胜利是1943年6月22日夜里，德国轰炸机袭击了波尔塔瓦和米果罗德机场。美国人在乌克兰驻扎下来，目的是从东部也能攻击德国的目标。“往返”计划使美国轰炸机得以轰炸比尔森的斯柯达工厂并继续深入乌克兰，在乌克兰加油补给后返回西部时再次轰炸比尔森。德国人对暂驻波尔塔瓦的美国轰炸机进行了闪电袭击。43架B-17远程轰炸机没有反抗就被摧毁，另有26架飞机严重受损。此外，几乎全部的炸弹和燃料储备被毁。美国在苏联的基地几乎全部瘫痪。斯大林在合作方面总是表现得十分犹豫。

15

德国军备的垮台

与德国人通过轰炸敌人的军事经济取得战略胜利的可怜尝试相比，美国人在1943—1944年的进攻中取得了重大胜利。美国陆军航空队（USAAF）第8航空队的“空中堡垒”集中轰炸德军的军火工业并拖垮了德国防空。盟军1943年4月17日对不来梅的福克·沃尔夫工厂发起猛攻，在护航战斗机滞后的情况下，97架轰炸机组成一个封闭的“战斗盒子”队形与德国战斗机展开了激烈的争夺。美军只损失了两架轰炸机。

尽管夜袭英国人要克服很多困难，德国人还是相信这至少能阻截美军日益增多的白天轰炸。美国人很快就遭受到巨大的损失。1943年5月14日，60架重型轰炸机参与的著名空袭“基尔之战”中，美军损失了22架飞机。美国人交替品尝了胜利和失利的滋味。通过白天轰炸消灭戈林的战斗机并取得德国制空权是美国人努力的动力。因此美国陆军航空队第8航空队的最高指挥官艾拉·埃克将军打算不断将年轻的战斗飞行员送往前线。他的飞行员急功近利，不断报告完全失真的过高命中率，使得总指挥部相信，戈林的战斗大队已经在苟延残喘。埃克希望，戈林的空军到年底被削弱到“不堪一击”。德国人不断纠集战斗机用以帝国防空并致使其他防线空虚，被美国人认为是早晚的事。

美国人还错误判断了自己对德国工业中心轰炸的效果，有时过高，有时过低。187架B-17飞机对许尔斯化工厂的轰炸效果显然就没有得到充分认可。重要的战略物资合成橡胶的30%在莱茵兰地区被生产出来。尽管清理和修缮工作一个月后就完成，6个月后产量也恢复了，但1943年橡胶的总产量还是减少了10%。再次轰炸许尔斯并摧毁路德维希港的橡胶厂，可能导致生产的迅速崩溃。美国人却认为没有必要再轰炸一次。此外，美军在对许尔斯的白天轰炸中有16架飞机被击毁，100多架轰炸机受损，这是个相当严重的失利。工厂区域200多人死亡，1000多人受伤。

变更目标计划带来了军事胜利，因为德国的防守因此被分散并暂时削弱。然而盟军必须及时总结经验，只有对德国的军事工业中心进行持续猛烈的轰炸才能带来胜利。德国迅速克服生产障碍和转移生产有效阻止了德国整个战争经济体系的持续削弱。在生产分散的过程中，此体系

德国高炮击中一架美国“解放者”轰炸机，时间约为1944年9月。

甚至变得更加灵活；德国人利用每个轰炸间歇来稳固防御。这种顽强的防空使得盟军战略空战的有效性大打折扣。

在英国发动“汉堡战役”的同时，美国人在1943年7月底开始了“闪电一周”，每日对德国北部的目标进行两次轰炸，主要打击德国的飞机制造。德美双方在奥克瑟斯雷本上空展开了激烈的空战，美国人损失的轰炸机超过40%，这是因为德国战斗机第一次发射了空空导弹，其射程比“空中堡垒”的机载武器要远得多。毫无保护的轰炸机飞往莱茵河方向与己方的护航战斗机会合。后者比尾随来的德军战斗机有优势并赶走了德国人。这起事件证明，盟军应该更好地保护自己的轰炸机，战斗机应护航到目的地以对抗德国的空防。

“空中堡垒”方案显然失败了。通过安装可抛式的副油箱，盟军最终给护航战斗机的飞行找到了解决方案，这为德国上空的空战带来了决定性的转折。美军的“野马”战斗机很快就成为德国旧式标准战斗机Me-109和福克-沃尔夫190的克星。戈林的空军遭受了关键的失败，因为他们再也无力阻挡盟军对德国中部和东部的轰炸攻势。

1943年下半年，双方都处于剑拔弩张的状态。戈林的声望在德国民众中降到最低点，在领导层里人们已经多少公开地谈论他的退职。但是希特勒根本不打算考虑辞退他的“老搭档”。

德军要面对的还不只是这一系列的战略失败。继东部的夏季攻势失败后，意大利于8月被盟军占领。德国国防军必须在地中海独自战斗并失去了他们在欧洲最重要的同盟。在远东，美国人利用推迟攻打欧洲的时间，通过“蛙跳”（从一个岛跳到另一个岛）打击了太平洋的日军，并将轰炸机开到日本腹地附近。红军继续一系列的进攻行动。到1944年春天，德国国防军几乎损失了1941年6月22日突袭苏联时所占领的全部土地。收缩回去保卫帝国的空军不能再给陆军提供有力的支持。战争后期，他们在东线已经无关紧要。而对帝国的持续轰炸还在不断损耗德国的兵力，折磨着德国人的神经。

包括被哈里斯寄予厚望用以转变战略空战的美国轰炸机兵力也如强弩之末。很多战斗飞行员神经崩溃。动用轰炸机从地中海出发攻击德国南部的军工目标并打击德国防空系统缓和了这一现象。盟军希望通过1943年8月1日对罗马尼亚油田的强力轰炸取得战略性的胜利。这是德国陆军最重要的燃料来源。在与强大的德国高炮部队的对阵中盟军损失了177架轰炸机的近三分之一。这次袭击使得德军的精炼生产能力下降42%，然而这只持续了6周。数千名强制劳动服役者参与了维修并取得相当大的成效。尽管盟军有能力攻击并摧毁德军防守严密的重要战略目标，盟军的各种行动也打击了德军兵力并降低了其军事生产能力，但是这并不能导致希特勒战争的崩溃。

1943年8月中，盟军对德国的军备发起了三次大进攻并造成了长期的影响。与此同时，罗斯福和丘吉尔在魁北克进行了会晤，除了商谈意大利的投降事宜，主要的议题是计划在1944年5月1日攻入欧洲（“霸王计划”）。盟军早就获悉希特勒最大的秘密项目是建造远程导弹，这个战略武器极大地威胁着“霸王计划”。因此英国皇家空军在1943年8月17日夜里动用了597架轰炸机突袭了德军在佩内明德的试验和生产基地，基地的人们正打算开始大量生产。750名死者中很多是强制劳动服役者。破坏十分严重，希特勒不得不下令在德国中部建一个全新的生产中心。为了给位于哈尔茨南部的“中心建筑”项目——世界上最大的地下工厂——提供劳动力，哈因里希·希姆勒专门建了一个集中营。这些危险的飞行炸弹和导弹生产也因此延期6个多月。

为了这个战略胜利，英国人损失了40架飞机，它们被德国的夜间战斗机击落。这样的战略反击胜利也不能阻挡空军总参谋长耶舒恩内克将军在当天自杀。围绕空军指挥的数周争论毁掉的这个人约在20年前就作为年轻的王牌飞行员前往西班牙在摩洛哥地区积累毁灭性轰炸包括毒气战的经验。第二次世界大战与20世纪20年代空战主角所预测的完全不同。

在英国攻击佩内明德的前一天，美国人对累根斯堡和施魏因富特进行了双打击。美国人希望通过攻击位于累根斯堡的梅塞施米特工厂让德国战斗机生产减半，并以此减轻下一步轰炸的难度。空战计划处指挥少将哈罗德·乔治认为，此次进攻破坏了2000架德国战斗机的生产。施魏因富特的滚珠轴承厂占德国全部产量的75%。工厂遭破坏几个月内就会影响前线。盟军希望通过继续轰炸结束战争。这个预测让盟军将精神上已十分紧张的飞行人员继续送往战场。

天气不利造成两次攻击之间的间隔比计划时间长，因此德国战斗

哈尔茨中心建筑集中营旁的地下生产车间，生产Fi-103（后来的V1），一种用喷射驱动飞行炸弹，时间约为1944年。

机有机会在第一次攻击后加油并紧接着攻击下一个编队。相反，美国的“雷电”歼击机只能将第一编队护送到欧本，而不能给第二编队提供保护。因此累根斯堡编队一开始就受到了300架左右德国飞机猛烈和持续的攻击。约有300吨炸弹击中目标，400人丧生，一些已造好的飞机被炸毁，工厂损失惨重，但是最大的装配车间躲过了一劫。空袭后生产继续，通过转移重要零部件的生产地甚至还有提高。施魏因富特编队在飞行中被冲散，424吨炸弹中只有37吨击中目标。最后一批飞机应该往城中心投掷燃烧弹，但没有命中。城中141人死亡；8%的工厂设施被毁。滚珠轴承生产量暂时下降了34%。

这场战役震惊了美国人。仅仅一天他们就损失了60架轰炸机，164架飞机有不同程度的损伤，600多人丧生。但是他们还是相信288架德国战斗机被击落。实际数字只有27架。并且他们被轰炸效果冲昏了头脑，10月14日才继续返回轰炸施魏因富特。正如两个月前首次进攻条件不利一样，只有288架轰炸机抵达城市。盟军再次蒙受了60架飞机的损失，还有126架在着陆时被撞坏或者必须被作报废处理。但是盟军认为滚珠轴承厂被永久破坏了。埃克将军认为，施魏因富特是“困兽濒死前的最后一搏”。

施佩尔也预计，在美军的持续轰炸下，德国的军工生产4个月后就将完蛋。但是临时措施和从瑞典运来的补充运货以及工业的大量储备及时弥补了这一重创。当美国人1944年2月底再次和英国人联手轰炸施魏因富特时，生产早已被转移。

美国陆军航空军在轰炸德国的军工目标时经常会将燃烧弹投放到居民区而不是被烟雾笼罩的工厂。因此，1943年10月9日对安克拉姆的阿拉朵飞机制造厂的轰炸中，虽然80%的工厂设备被毁，毫无防守能力的小城也被毁了一半。400名平民遇难，另有400重伤。一天后，236架四发动机轰炸机在攻击明斯特时直接将城中心当作轰炸目标，目的是除了轰炸火车站，还要轰炸屋里的铁路工人。这样，美国人部分地从精确轰炸原则转为无区分轰炸，正如英国人在10月23日夜里动用486轰炸机轰炸卡塞尔一样。除了飞机和坦克制造厂外，80%的市中心被燃烧弹夷为平地。约有10000人丧生。卡塞尔毫无疑问是个重要的军事目标。但从道德角度人们对无区分轰炸持不同观点。

美国空军高级军官对这种针对城市的无区分轰炸持十分实际的态度。他们只是批评英国轰炸的方法有效性。英国老牌空战专家特伦查德的设想完全符合美国人的利益。但是总体而言，美国人更愿意让英国去轰炸德国平民，因为他们担心美国民众的情绪会因此遭受负面影响。

在英国，空战也是公众话题。议会于1943年底对此进行了公开讨论。大部分议员支持政府并强调无论如何应该由德国人承担战争责任。只要德国人支持希特勒和他的军官，他们就必须承担后果。尽快结束战争在道义上是众望所归的。此时无法更多地去关心平民。只有少数议员对丘吉尔的讽刺性言论十分生气，丘吉尔认为德国人不应再驻留在城中，而是应该到乡下去，在土坡上观望他们的房子如何化为灰烬。奇切斯特的主教就是这样一个孤立无援的告诫者。乔治·贝尔认为按照基督教教义，即使是在战争中也不应忽视对方的痛苦。由他策划的公众抗议活动被禁止，但是在上议院他得以畅所欲言。他质问，对欧洲文化的破坏还要持续多久。因为希特勒是野蛮人，就更不能效尤他的所作所为。此外，英国人凭借轰炸所达到的只是纳粹借助宣传所未实现的：德国人的愤怒被激发，对政府更加支持。这样的言词在英国民众中没有得到响应。尤其是在未遭受过空炸的地区，人们对空战的支持更是不遗余力。

16

柏林战役和德国防空的失败

引起英国公众争论的一个特别理由是亚瑟·哈里斯第三次大战役带来的后果。在鲁尔战役和针对汉堡的“蛾摩拉”行动后他就计划摧毁德国首都。盟军入侵前的三重目标（拖垮德国空防、使其军事工业瘫痪和打击德国民众士气）于1943年取得了一些成效。但是德军战斗力还未消亡。特别是制空权的争夺依然在进行中。美国人因此要求在紧迫的时间里优先考虑对德国空军作战以及破坏德国飞机制造厂。

哈里斯不支持这个策略。英国方案的有效性还没有得到证实。但是他相信，只有继续夜间的地面空袭才能带来决定性的胜利。这样的空袭比所有的陆地进攻包括苏联人的进攻都更能帮助早日结束战争。哈里斯在1943年11月3日给丘吉尔的一封信中解释道，他已经摧毁了19个城市，这些城市已经成为德国的负担。另有19个城市遭受的重创甚于1940年的考文垂。德军士气的瓦解指日可待。

盟军其他空军指挥官抱怨哈里斯在计划中根本没考虑“霸王行动”。哈里斯不为所动。如果美国人参与进来并“彻底”摧毁柏林，那么计划中包括16次大轰炸的空战就能给战争画上句号。“我们也许会损失400~500架轰炸机，但是德国失去的将是战争。”哈里斯要求公众支持无区分空战。

哈里斯1943年10月25日致信波特尔：

联合轰炸攻势的目的和英国空军轰炸指挥部根据英美协商策略在攻势中所扮演的角色必须得到明确和公开的阐释。这个目标是摧毁德国城市，杀死德国工人并破坏整个德国的平民社会生活。

要强调的是，更全面更猛烈的空袭造成楼房、公共设施、交通工具和市民生活的毁坏，随之产生的难民问题和后方阵地士气的颓废是我们的轰炸政策可接受及有意图的目的。它们绝不只是轰炸工厂的副产品。

但首相不打算如此冒险，对于空战指挥的大胆预测他是否信服也很难说，因为“霸王计划”的准备工作仍在进行中。哈里斯有时候还是想试试运气。根据最近公布的消息，当时英国情报部门也调查了暗杀希特勒的利弊所在。英国人有可能成功完成此项任务并结束战争。但是伦敦得出的结论是，让希特勒活着更好，因为换一个更有能力的德国统帅可能会加大盟军取胜的难度。这意味着：不是希特勒被判死刑，而是柏林的民众被判了死刑。

美国人努力使英国轰炸机司令部更多接受他们的战略。哈里斯只是偶尔满足一下美国人的一再要求，通过夜袭施魏因富特加强美国空军白天轰炸的效果。美军通过迅速壮大自己的轰炸兵力终于在1944年春天自行开始了争夺制空权的战斗，英国轰炸机司令部当时坚持的是城市战略。当美国的炸弹计划者埋头研究德国军工厂的生产数字和经济联系时，哈里斯的工程师正忙于计算如何提高彻底毁灭能力。他们计算的不是迫使德国停产，而是致力于消灭德国的城市。

在帝国首都人们紧张地观察着盟军轰炸机队伍的兵临城下。汉堡灾难和汉诺威、卡塞尔遭袭后，戈培尔作为省党部头目负责人必须预计到最糟糕的事情。柏林是德国最大的城市，同时也是重要的军工中心，在1940年遭受一些空袭后，人们将这个大都市建成了一个真正的高炮要塞。戈培尔在1943年11月16日住进了威廉广场下的新指挥掩蔽所。在这里，他在日记中写到，他要进行“保卫帝国首都的防御战”。在两天的小规模攻击后，11月22日夜里盟军开始了对柏林的首次大进攻。700多架远程轰炸机轰炸了城中心，虽然云层密布，但通过雷达帮助空袭任务得以顺利完成。整个政府区域处于一片火海中。市中心遭到严重毁坏，次日夜里380架轰炸机再次轰炸。整个柏林到处是火光和废墟。盟军组织了5次大进攻。近4000人死于此次空袭，约10000座楼房被彻底毁坏。英国自己也损失了至少123架轰炸机。

保罗·托尔曼（Paul Tollmann），某先锋营士兵。在度假时经历了柏林轰炸。

“我度假的那四五天，每夜都担心最危险的攻击，这与在战场上是不一样的。我们作战两三天，然后在后方待上数周。在那儿我们的生活平静无忧，个人在这里面临的危险与平民在国内所承受的要小得多。我是第三坦克师先锋营的一员。我们有强大的武器，只要我们操作无误就足以随时保护自己。但是国内的百姓根本就没能力自保。

“当然谁都想与家人朝夕相处，希望与朋友相聚一堂。作为士兵，我在异国他乡生命更有保障。但是谁也不想因为这种安全再返前线。我再也没有重返前线。当然不是因为特别担心在前线有生命危险。在国内度假的那几天，轰炸一轮接着一轮，我每天所面临的危险要远甚于在前方。”

格达·斯策潘斯基（Gerda Szepansky），这个当年正年轻的姑娘亲历了两次对柏林的轰炸。

“晚上我们去看电影，接着警报就响了。我们飞快地冲出去跑向房子里的地下室。警报解除后，我们回到电影院。电影接着放映。

“爱情电影特别受欢迎。战争时期很难有爱情，因为男人们都在前线。克里斯蒂娜·泽德鲍姆（Christina Söderbaum）总是在影片中投水自尽——因为不幸的爱情。大家都叫她‘帝国水尸’。‘又有一部帝国水尸的片子’，人们总是这么说。于是我们去电影院，电影结束时我们都泪流满面，因为我们觉得电影伤感极了。

“有个周末我去阿德勒斯霍夫（Adlershof）。空袭警报突然响了——应该是1942或1943年，但是什么都没发生。尽管如此，我们还是很害怕。我的叔叔想到了一个主意：唱电影中的流行歌曲并互相讲述一些剧情。这可以分散我们的注意力。我们认真地模仿说：‘你很受女人的欢迎，贝尔·阿米。’这是一个自救的方法。我们虽然唱得不好，但是感觉好了很多。我们在歌曲中忘记了恐惧。”

历史上最大的一场轰炸机战役就此拉开序幕。“柏林战役”历时5个月，受牵连的不仅仅是柏林。英国轰炸机在此期间内还攻击了其他德国大城市如法兰克福和莱比锡。这些城市的市中心也付之一炬，数千人丧生。不过柏林是战略目标，到1944年3月24日英国轰炸机司令部借助19次大轰炸将柏林夷为平地。德方有10000多名死者和150万无家可归者，英国方面损失了3347名飞行人员，992名飞行员在飞机坠毁时捡回性命，或受了伤，或被关进战俘营。

鉴于盟军的耗费并与“蛾摩拉”行动比较，柏林的受害者人数相对还比较少。一方面是因为帝国首都严严实实的“掩蔽”效果，共有1000个左右防护场所，单是大的高炮塔就能容纳30000人；另一方面，柏林居民早就对大空袭有所准备并且从汉堡战役中汲取了重要教训。100万人被从城中疏散出去，学校关门。当然，这个百万人口的大城市内的大兴土木和从周围地区引进援手也帮助克服了火魔的危害。在这里，戈培尔作为省党部头目的组织和宣传才能表现得淋漓尽致，他打出了“我们的屋墙坍塌，我们的心不会”这样的口号。纳粹党的具体援助措施和有针对的宣传取得了预期效果。1943年人心涣散的危险局面没有重演。这与“神奇武器”的承诺没有太大关联，而更多是一种习惯效应，这一点英国人也有意识。

如此看来，第二次世界大战中最大的轰炸机攻势是个失败。与哈里斯期望的不同，德国人的“士气”并未大幅下降。这个满目疮痍的首都里依然有着生机，人们在废墟中重建生活，都市的功能依然存在。尽管重要的军工部消失在火海中，相当一部分文件丢失，施佩尔做到了没费太大力气就将各个部门分散开来，并有效控制了军工生产。通过建立“战斗机指挥部”德国人在最短时间内大大提高了单发动机战斗机的产量。

在政治上，罗斯福和丘吉尔完全可以满意了：纳粹政府毫无疑问遭受了重创。纳粹政府的内部的考验有多大，从军备部长施佩尔的心理崩溃就能看出来。他1944年1月起在疗养所休养了数月并陷入危机当中，他一路平步青云升至所谓的“元首”接班人的政治生命濒临终结。施佩尔在工业界中的朋友逼迫他退职，因为他们担心，纳粹体系的失败行将不远，此时极端势力容易爆发并毁掉战败后的生存基础。马丁·鲍曼，希特勒的秘书，海因里希·希姆勒和其他纳粹激进军官反对施佩尔的阴谋以失败告终。“元首”在1944年5月召回他唯一信赖的人并让人转告：

柏林战役中遭到密集轰炸的柏林。

“请您告诉他，我欣赏他。”

正如战争领导层内部对胜利的渴求只能依靠无望的“奇迹”，激烈的空战也改变了士兵的作战动机。前线上的老兵早已不指望取得“最终胜利”，而是盘算着如何在灾难中逃生。数十万新兵参加了“决战”，除了年轻人外还有很多前几年为了军备被征召的专业工人。他们住进军营并赶赴前线，他们经历了强度与月俱增的空战。大部分新兵还没有培养出斗志和必胜的意志。

一方面纳粹政府和国防军的瓦解还不明朗；另一方面，“第三帝国”在同盟国和中立国家心目中威望日减。前线和战争经济的巨大损失让希特勒比过去更依赖这些国家。然而周边的中立国家，如向德国运输重要战争物资的土耳其和葡萄牙，看到战争的趋势，开始亲近盟军，就连瑞典和瑞士也早就不再惧怕德国这位邻居。他们提高了物资供应的价格并渐渐地中断了贸易往来。

轰炸对德国为数不多的同盟，特别是位于南欧和东欧的国家产生了深远的影响。不断挺进的红军迫使匈牙利、罗马尼亚和保加利亚与盟军建立联系，为的是避免让布尔什维克耗兵力去占领这些国家。英国人和美国人帮助消除德国的影响，他们也会通过对这些国家的首都进行猛烈的空袭迫使他们改旗易帜。1944年3月19日德国军队进驻匈牙利，为的是不失去这个同盟国及宝贵的军备资源。美国人在4月3日轰炸了布达佩斯，但是没能阻止这个国家再次改变路线。大屠杀的组织者阿道夫·艾希曼利用此时机统一管理了数十万的匈牙利犹太人。匈牙利的法西斯者利用他们的财产继续战争。有工作能力的匈牙利犹太人成了施佩尔最后一笔劳动力后备；其他人进了党卫队的死亡工厂。

如果英美集中兵力轰炸柏林的话，其影响也许会更大。但是分工在

从柏林的一个地下室抢救被埋的人和物，1943年。

Der Frontarbeiter OT
ILLUSTRIERTE ZEITUNG FÜR DIE FRONTARBEITER DER ORGANISATION TODT
20. APRIL 1943
FOLGE 142

Der Führer, der am 20. April seinen 54. Geburtstag vollendet, im Gespräch mit Reichsminister Speer, dem Chef der OT und genialen Vollender des Schutzwalls am Atlantik, im Führerhauptquartier
Aufnahme: Presse-Hoffmann

计划中攻入德国是一个有用的折中。英国人不放过柏林的每一片废墟，美国人更关心德国的飞机制造厂。盟军不惜代价地要削弱戈林的空军力量并取得制空权，这样才能降低盟军在法国西北部登陆的风险，也有助于继续对德国人“士气”的打击。因此，美国人在1944年3月插手柏林战役并用一系列的白天攻击接替了英国人的职责。这也是对德国防御能力的考验。天气眷顾了德国人。3月2日，只有部分远程战斗机抵达城市的外边缘。次日，美军第8航空队派出770架战斗机为504架B-17轰炸机护航。但是只有30架轰炸机抵达柏林，造成的损失也微不足道。

3月6日美国人又发起了一次进攻。627架“空中堡垒”在大白天里投下炸弹，但是德国战斗机击中了盟军超过10%的轰炸机，这个命中率他们没能坚持多久。1944年3月8日和9日美国发动了更强大的白天轰炸并以此结束了向“Big B”的攻击，美国飞行员将巨大的目标称为“Big B”。部分基础设施被严重破坏。虽然工业得以幸免，但是铁路设施的严重破坏对军工生产多少造成了间接影响。

柏林-布兰登堡的广大区域在那段时间成为现代轻工业中心，也有很多军工研究企业。鲁尔区作为德国传统的军工中心仍然负责钢铁的运送，但是防守圈III（柏林-布兰登堡）是军需最终生产的心脏。这决定着军工业多少有些损失。容易辨认的高炉易被击中，与柏林军火网众多的电子技术和其他零件厂相比也更难以代替。周边地区的大型装配和生产企业没有受到破坏，尽管美军的轰炸机直接从法尔肯泽的坦克工厂向市中心飞去。令人吃惊的是，他们对位于路德维希费尔德的飞机发动机和载重汽车厂及位于措森/温斯多夫地下的陆军最高统帅部以及首都东南部

托特组织官方报1943年4月20日希特勒54岁生日纪念日版封面，希特勒和军备部长施佩尔一起在拉斯腾堡的沃尔夫斯尚策。

图上方文字是：**前线工人托特组织（OT）。**

图下方文字是：**托特组织的前线工人报，1943年4月20日第142期。**

法尔肯哈根的德军毒气厂都显得兴趣不大。

美军攻击取得了相当大的心理效果。人们知道了美军的能力，美国人的飞机编队整齐，如闪电般不可阻挡地掠过晴空。随着德国人对“地毯式轰炸”和其巨大效果的了解，他们的无助和恐惧感也与日俱增。对毒气战的恐惧加深了人们这种并非毫无理由的担心。然而如果德国人先开了头，盟军就将毫不犹豫地将毒气战进行到底。

萨姆·哈尔伯特（Sam Halpert），美国B-17轰炸机飞行员。他参加了35次对德轰炸。

“为了轰炸德国我们先到达英国。我们决定在白天行动。英国人对我们说，这是不可能的。但是我们只知道这种作战方式，所以坚持己见。这与英雄主义无关，也不是为了保护这些城市。我们就是这么学习驾驶和轰炸的。我们的飞机只能在白天用，我们只能坚持己见。还有一个想法是节约炸弹。我们认为轰炸纪念碑、孤儿院、学校或医院是浪费。这也不是什么人道主义问题，我们就是觉得这么做是种浪费。轰炸一个军工厂或炼油厂要好得多。我们希望有效率——战争应及早结束。我不是向汉斯·施密特（Hans Schmidt）或奥古斯都·舒尔茨（August Schulz）个人投掷炸弹。我关心的是削弱德国的整体力量并尽快结束战争。在这个过程中我会击中一处住宅和带着小孩的母亲——这从来就不是我考虑的问题，哪怕一秒钟都不是。我不必与这种想法作斗争——它不会出现。从不。”

通过全力轰炸，美国人在争夺德国制空权的战争中作出了重要贡献。在轰炸德国飞机制造厂的过程中他们吸引了戈林的战斗机并在激战中给德军造成了巨大损失。1944年春天，德国空军平均每月损失20%的战斗机。这段时间内，他们损失的飞机（2262架）基本上已经与月平均投入量持平（2283架）。空战演变为血腥的阵地战，并且盟军不断突破德军防守线。德国空军在防御中被打垮和消灭。德国人放弃生产轰炸机，全力以赴制造战斗机也于事无补。德军有的主要都是些大批生产出来的旧式飞机，年轻飞行员的起飞着陆技术还不行。在他们短暂的作战史里，因为事故报废的飞机比被敌人击落的还要多。1944年5月盟军入侵前夕，德国空军崩溃了。美国人的策略获得了成功并对第二次世界大战的进程施加了决定性的影响。4月初，美国空军第20轰炸机联队成立并负责对日本的战略空战。最早的一批B–29“超级堡垒”着陆印度。

此时，全部驻扎在英国境内的轰炸机编队都归属盟军最高指挥艾森豪威尔统辖。哈里斯在进攻柏林失败后不得不暂时支持计划中的陆上行动。盟军全体飞行员的行动计划由艾森豪威尔的代表空军元帅亚瑟·泰德制订。他的目标是通过破坏法国北部的公路和铁路网在很大程度上封锁日后的战场，更多的炸弹落到了法国而非德国境内。美军在1944年4月24日对鲁昂发起的一次猛力进攻中，法国平民死伤人数分别达到了400人和700人。

国防军有4年的时间对这场决定性的进攻做准备。他们最具能力的陆军元帅和坦克兵统帅埃尔温·隆美尔制订了在法国沿海抵制进攻的计划。他从在北非作战的经验中明白，所有的防御阵地如果“没有屋顶”都将变得没有意义，并坚信自己的计划可以在海滩上击退敌人。德国空军和海军已经没有能力将敌人的进军限制在英国境内。没有足够的远程侦察机和轰炸机跨海阻止或至少及时发现敌人的进军；身处掩蔽所的防御人员无力抵制进攻者的毁灭性轰炸。

英国空军指挥、空军元帅亚瑟·泰德（左）和美国空军指挥卡尔·施帕茨将军计划对德国发动空袭。

德国人对第二次世界大战决策的所有计划都认为，德国空军有朝一日将在法国境内集结所有兵力。泰德使用盟军轰炸机的计划使这一希望成为泡影。戈林只能动用数十架飞机与10000多架敌机抗衡。泰德行事稳妥。完全截断国防军燃料来源的时刻已经到来。诺曼底登陆的前三周，美国人手上的轰炸机已经很多了，除了轰炸法国北部的交通目标，他们还对德国的氢工厂和炼油厂发起了进攻。美国陆军航空军第15航空队持续轰炸了罗马尼亚的油田。现在美国人开始对戒备森严的德国大工厂下手。

此举影响深远。数周内德国国防军就几近瘫痪，只能凭借自行车和马车前进。为数不多的载重车只能靠木头汽化器驱动，为此需要可供燃烧的木材。燃料储备的急遽下降使得只有配备了坦克的快速部队能投入到战争的焦点地区。但是对于敌人的低空飞行他们没有足够的保护，也缺少轰炸机的支持，因此无法像战争的头几年与占优势的敌人抗衡。

美国对德国原油目标地的轰炸极其坚决和持续，因此连德国新式的超级坦克如“虎王”也只能蹒跚前进。此外，空军必须大幅度减少燃料消耗。年轻的飞行员学员只接受几个小时的飞行训练就被投入到无望的战斗中，面对掌握了德国制空权的盟军战斗机和轰炸机，他们只能白白牺牲。许多新造好的飞机还没飞行就被盟军原地炸毁。

在轰炸氢工厂时盟军借鉴了无区分轰炸的经验。零星地击中目标无法让大面积的工厂设施长期中断功能。施佩尔动用了数十万工人力求迅速重建。维修成为当务之急。德国人采用了所有的保护和防御措施如隐身、施放烟幕和集中高炮和战斗机。但是盟军的轰炸机定期往返，特别是在工厂使用大量原材料重新开产时它们就返回。数次这样的袭击后，大的设施如德国中部的路那硝工厂终于完全停工。1944年9月机油产量下

德国1943年前后的一个地下军工厂生产车间。

降到6%。将燃料生产转移到地下的想法因为爆炸风险很难被真正考虑。因此大量战争机器和可供使用的燃料之间形成剪刀差。

如此，疯狂建造地下军工厂就失去了意义。数十万的奴隶工深受剥削，目的是按照巨大的建筑计划在混凝土建筑中盖建战斗机工厂。纳粹头目和重要的军工公司授意勘测隧道和洞穴。“阿尔卑斯要塞”幻想粗具雏形。德国人花费了巨大的代价转移生产、修缮炸弹损失并在帝国边界建立了新的要塞设施和阵地体系。军工业中的材料和劳动力被撤回以确保纳粹政权在炸弹雨中的生存。一些公司花大力气将昂贵的机器从炸弹及战争中抢救出来。施佩尔和他的手下虽然做出了种种绝望的努力，德国战争工业设施的系统破坏已是指日可待。原料储存和产量预计只能再维系几个月而已。

17

德国军备的瓦解

当工业界为战后时期的过渡做秘密准备时，军界决定必要时在莱茵和奥德之间的帝国核心地带展开持久战来抵御敌军。1944年7月20日暗杀希特勒失败后，德国的军事反对党完全被分解，许多保守分子平和结束灾难并阻止无条件投降的希望落空了。许多德国人看着支离破碎的前线，不得不忍受绝望，盟军不停歇的轰炸显示了德国人绝无逃脱的可能。

任何抵抗都是没有意义的，只会加重对德国人的裁判。战争最后一年里，帝国中死去的人比前5年加起来还多。但是盖世太保和秘密警察不准民众谈论此事。有些人排斥这种认识并暗自怀有一种不理智的希望。德国城市里密集的炸弹让人人都亲眼和亲耳认识到纳粹对“最终胜利”的宣传是多么不现实。坚持到底没有任何意义，人们的担心简化为希望前线的丈夫传回活着的讯息以及家乡的妻儿在空战中免受伤害。

排斥失败即将到来对一些将军而言显然要容易些。在采纳了纳粹“领导军官”的准“政治军官”制度后，一些怀疑更是被压制下去。不少人认为必须坚持一种被错误理解的“爱国主义”。“坚持”的口号是要保护帝国和人民免受灭顶之灾，而人人早就看到的现实是：占领和无条件投降。许多人希望，如果可能，至少能在失去“欧洲要塞”后保住“德国要塞”，那么新的“神奇武器”也许可以派上用场。或者在反希特勒联盟瓦解后出现德国人所希望的战争转折。戈培尔几乎每天都催促“元首”更好地打反布尔什维克牌并通过政治手段分解敌军同盟。但是他担任新外交部长的自荐没有成功。希特勒依然重用他的老伙伴，即便他们和戈林在德国空军失利后一样威望早已一落千丈。

如果帝国上方破裂的防空“顶”不修好，德国战争经济的滑坡不止住，所有这些希望和考虑都将是空言废语。1944年夏天起就再也没有可以保证不受盟军轰炸的安全地带。希特勒在盟军开始登陆诺曼底时催促使用报复性武器，其目标还只是复仇。他不顾将军们的建议，命令将火力集中到伦敦而不是盟军的桥梁枢纽或他们的飞机场。这个早就为世人

一枚V1飞行炸弹在运河边上的发射架上嘎嘎作响。

一枚V1炸弹在发射后升空。

所知的“神奇武器”必须完成一个政治目的：德国人和外国人应该认识到，“元首”要对盟军的轰炸“以牙还牙”。正如丘吉尔在春天里将柏林变成一片废墟一样，希特勒一心要摧毁伦敦。这也许取得了一定的战略作用，因为几千枚飞行炸弹实现了戈林的空军所未能完成的任务，即恫吓和恐吓英国民众也许更甚。因此希特勒在下令攻击时更多的是出于报复心理，而不是理智的考虑。

没有人真的会认为，英国会因为飞行炸弹和导弹的攻击而变得“倾向和平”。“中部建设”的地下生产设施也许不受炸弹威胁，但是飞行炸弹V1的发射底座和运输路途及整个零件供应业都处于盟军飞机的密集轰炸下。尤其是飞行导弹的简单喷射驱动（喷气发动机）和200千米的行程使它很容易成为盟军战斗机的战利品。尽管一共生产了32000枚这样的炸弹，但只有三分之二可以使用。上千枚因为技术故障在德国境内就坠落，6000多枚被盟军防空拦截。在进攻的最后阶段，命中率达到了97.7%！5822枚炸弹落在了英国的土地上。1944年秋天起，2000多枚炸弹及导弹袭击了安特卫普。英国的港口城市对盟军的补给意义重大。

盟军无法防御弹道导弹V2。起先，德国人希望每个月能生产5000枚这种“神奇武器”，但是因为轰炸生产只能维系在每个月不超过600枚，到1945年3月共有约6000枚远程导弹。只有一半能发射。当希特勒1944年9月下令第一次“应急性快速投入使用”拉开攻势序幕时，国防军的特种部队只发射了156枚，散布在法国、比利时和英国南部各地。至战争结束，共发射3170枚，其中1054枚针对英国。15000多人成为飞行炸弹和导弹的牺牲品，50000多人受伤；37282所房屋被毁，150多万房屋受到不同程度的损坏。

研发和制造报复性武器是德国最昂贵的军备计划，可与美国人著名的“曼哈顿”计划相提并论，后者以制造原子弹为任务。用同样的花费戈林的空军可以生产24000架战斗机。然而复仇的念头压过了保卫德国城市和军工企业的利益。研制现代化的地空导弹以及为陆军配备防空武器也因此被耽误。自德国空军1944年5月崩溃以来，德军几乎毫无保护地暴露在盟军的轰炸机下。只有用来保护德国的重型高炮部队符合“元首”的利益。按其命令在战争的最后几个月里高炮生产应再次提高，尽管高炮在与对手高空飞行的重型轰炸机的对决中根本无法取胜，并且前方德军急需高炮用来对付大量的苏联坦克，但是德军已经没有汽车和燃料来运送这些防御武器。它们被低空飞行的敌机摧毁或被自己的部队在敌军逼近时炸掉。

导弹攻势是希特勒阻止空战和扭转战争局面的最后希望。与盟军远程炸弹的高效性相比德国的远程炸弹大为逊色。单枚导弹最远只能将1吨炸药发送到320千米外的目的地。无引导的导弹威力很大，会在没有任何事先警告的情况下击中偶然性的目标。这些无疑是打击对方民众“士气”的毁灭性武器。要取得战略效果，希特勒必须实现大规模的生产，正如原来所计划的那样，或者用化学战剂来做弹头。

他的对手完全相信他有可能迈出这罪恶的一步并对此也做了相应准

导弹代替炸弹？佩内明德试验台上的V2，1944年。

备。报复袭击的实际准备工作已经就绪。这种威慑政策主要通过对德国领土上方的制空权体现出来。即便是用传统的毒气武器盟军也能在最短的时间内让德国的城市、军工和指挥中心“溺死”在毒气中。柏林的独裁者显然也不能对这个可能性视而不见。因此尽管内部此类建议很多，他还是拒绝发动毒气战。

这种可怕的战争升级会带来什么样的威胁，希特勒这个时期显然还不能完全了解。英国首相在德国飞行炸弹的第一次攻击后就认真审视了毒气和细菌战的可能性。人们知道：使用大规模杀伤武器是迫使希特勒停止导弹攻势的一种可能，如果德国人在盟军有空中优势的前提下依然给英国首都造成巨大的损失，并一再践踏英国民众的牺牲精神。

英国军官对毒气和细菌战的担心被丘吉尔断然回绝。他不想从道义的角度来讨论这个问题。第一次世界大战中，轰炸不设防的城市是不被允许的，“现在谁都这么做，就像这么做是理所当然的。这只是一个潮流问题，它的变换就像妇女裙子的长短问题。”

丘吉尔1944年7月6日给军队最高指挥官备忘录节选：

如果对伦敦的轰炸真的带来无尽灾难并且导弹给政府和工作中心带来深远可怕的影响，那我就必须准备不惜一切给敌人以最严厉的回击。我当然要请求您支持我使用毒气。我们可以用这种方式破坏鲁尔河岸的城市和许多其他城市，让这些城市中的大部分居民处于时时需要医疗的状态。我们可以使导弹发射架旁的所有活动中断。我不明白为什么我们要承担绅士风度所带来的种种缺点，而我们的敌人却享尽做无赖的各种好处。有时候这么做是可以的，但现在不行。

从备忘录中可以看出，这位英国首相是如何“冷血”和毫无顾忌地推行自己的战争政策。他看到了和德国独裁者的最后一搏在即并且绝不容许让对手取胜。如果形式恶化，这件“事务”将被再讨论。虽然没有发生，但是计划处跟踪研究了迫使纳粹立刻投降的毁灭性打击方案。负责轰炸行动计划的西德尼·巴弗顿再次提出了单凭空战结束战争的老想法。他打算集中武力对付“德国的神经中心”。1944年春天的“柏林战役”虽然没有取得预期效果，但在当时将政府区炸得粉碎，按照英国人的想法，可能会迫使德国最高统帅部投降。2000架飞机和5000吨炸弹的大型轰炸将让市中心变成“死亡地带”。巴弗顿预计将有11万人死于轰炸。这样的“雷鸣”攻击将在全国广为人知，战争很快就可以结束。

“雷鸣”行动的背景一方面是紧锣密鼓地制造原子弹，对此盟军寄予了相同的期望，但其实现性还不明朗。另一方面伦敦方面主张加速挺进鲁尔区，加上对柏林的“雷鸣”袭击也许能迫使纳粹德国以失败者的身份退出战争。在此计划阶段发生了1944年7月20日的暗杀希特勒未遂事件。英国人由此考虑通过自己的轰炸机支持国防军推翻纳粹政党的努力，即有针对地攻击纳粹党、党卫军和警察局的目标，粉碎他们对投降的反抗。通过在战后欧洲驻扎强大的轰炸机编队长期节制德国，新兵种的指挥官也必须想到自己的未来。

西德尼·巴弗顿，指挥轰炸行动的英国指挥官，1944年8月15日谈及“雷鸣”行动：

要指出的是，德国民众将为在全世界范围内发起进攻的后果得到最严厉的教训，即便在战后这个教训也会有长远的价值。此外，完全摧毁一个像柏林这样的大城市中心毋庸置疑地证明了现代化轰炸部队的力量。要提醒的是，一个这样的证明将大大减轻借助空军安定占领区的难度。此外还可以向苏联盟军和中立国展示英美空军的实力。如果盟军有能力占领柏林或中立国看到这一切，他们就会对这种效果留下深远的印象，这种效果是第二次世界大战中战略轰炸引起的并随时可以再现。

1944年8月19日作出的由艾森豪威尔负责准备“雷鸣”计划的决议很快就作废了，原定于8月27日对柏林的大轰炸因为天气条件不利不得不被取消，西线的军事状况发展远没有盟军预期的那么顺利。

在艾森豪威尔1944年9月14日再次派出为攻占德国服务的战略轰炸编队时，英国的轰炸机司令部已经重新开始轰炸德国的城市。9月11日夜里，达姆施达特受到重创。234架飞机对城区造成了巨大破坏，约有12000人死亡。

远在魁北克的罗斯福和丘吉尔在这一天召开了会议具体讨论分割和占领德国的细节。两国首脑都同意美国财政部长亨利·摩根索的计划，他认为应该摧毁德国的工业，拆除其工业设备并让帝国退回到农业社会时期。这是对中欧进行根本改变的计划，为的是杜绝德国再次挑起战争的可能性。摩根索计划在美国政府内部引起了激烈的争议并且也从未成为占领国的正式教条。但是丘吉尔和罗斯福并不真的反感这个解决“德国问题”的方案。

哈里斯视自己为解除德国工业化能力政策的执行者。当美军第8航空队轰炸德国西线后方的军事设施时，英国轰炸机指挥部再次猛攻德国的大城市。到处都有足够的交通和军工业轰炸目标，实施夜间无区分轰炸被认为在军事上完全合理。事实上，德国国防军早已不再驻留在地面上。1944年9月13日希特勒命令组成一个新的党卫军坦克军在西部实施反攻。组建这支配备先进的“国民特种部队”的目的是平衡德国在东部和西部的巨大损失并回击敌人的进攻先锋。国防军奇迹般地再次稳定了夺回的阵地。在西部，美军已经攻占了亚琛；在东部，红军突入普鲁士。

1944年10月7日对帝国的新一轮空袭中有3000多架盟军飞机参战。在此期间，盟军甚至有能力同时发动两场千机大轰炸。英国人在10月8日轰炸了杜伊斯堡，美国人轰炸了科隆。在这些白天攻击中，这些轰炸机得到了差不多同等数目战斗机的保护，只有旧式战斗机的德国空军几乎无还手之力。德国空军指挥内部对喷气式战斗机Me-262有着激烈的争论，更多的这种战斗机应该投入使用以帮助德军重夺帝国上方的制空权。希特勒下令将这种飞机改装为“快速轰炸机”并投入到对英国的战争中，这使其失去了战略效用。1945年春天有大量便宜的“人民战斗机”可用的目标永远没有实现。

德国空军共收到1000架左右的Me-262，其中186架被击落，400多架有损伤。许多技术薄弱的喷气式飞机由于缺少燃料和有经验的飞行员根本无法升空。1944年10月4日，4架Me-262首次投入使用，两架在起飞时就被加拿大的“喷火”飞机击中，还有一架在着陆时毁坏。只有200架左右的飞机在1945年春天偶尔参加了攻击，还是在希特勒1944年11月批准战斗机使用之后。德军喷气式战斗机的损失要远远高于盟军所损失的轰炸机数目。因此，Me-262进入德国作战指挥一长串的“贻误战机”列表，第二次世界大战结束后人们还不断讨论这件事。

1944年秋天，美国人成功发动了一次破坏德国道路交通的轰炸。美军轰炸机在击败德国空军并通过毁灭德国的燃料供给阻止其东山再起后，将注意力转为破坏德国战争工业的供应脉络；美国专家认识到了煤

携带固体物质发射火箭的早期Me-262。

矿分布的核心意义。美国空军在冬季开始时对铁路交通枢纽、转运站点、内河航运和其他设施进行了轰炸。尽管德方一再试图弥补损失，德国军工企业和矿山的联系还是一点点中断了。这对德国全部的军工生产在短期内瘫痪起了决定性的作用。即使个别工厂和一些遭破坏的厂房在“紧急军备计划”下继续生产武器和其他作战飞机——施佩尔的“军备奇迹”在美国轰炸机的打击下化为乌有。

这使人不由想起对轰炸奥斯维辛的讨论。1944年9月13日美国人第一次利用机会攻击德国最大的集中营附近的这个已基本建成的氢工厂。直至现在他们才具备军事能力攻击这个上西里西亚东部的建筑群。无论如何，这一行动都有着技术难度，这也是四周后盟军指挥官拒绝向波兰首都派出载有救援物资轰炸机的原因。华沙事件中政治家们进行了施压，奥斯维辛事件中则没有。

罗斯福和丘吉尔得知希特勒利用建造这个世界上最大的氢工厂来杀害丧失工作能力的集中营俘虏。直至今日，盟军不攻击死亡工厂的决策行为还备受批判。罗斯福显然相信，纳粹只会将集中营移动“一小截”。认为破坏交通运输就能解决大屠杀的观点显然不能让人信服。大屠杀是纳粹体系的一个有机组成部分，不会因为断续的轰炸就停止。美国人一般避免攻击集中营，为的是不让错投的炸弹杀害战俘。这些党卫军辖制下的无助俘虏能逃往哪里呢？只有迅速结束战争以及盟军地面部队的进军才能真正帮助这些幸存者。摧毁德国的战争经济对此作出了重要贡献。如果说施佩尔和他的工业家在密集的炸弹中勉强支撑着最低限度的生产，他们考虑的绝不是外籍强制劳工。他们更多的是利用这个机会集合工厂中的德国固定员工，并阻止这些对战后恢复工作意义重大的劳动力在最后一分钟被招募为“国民冲锋队”成员。尽管如此，工厂减产还是导致上百万工人被解雇，首先被驱逐的是“外国人”。外籍强制劳工和战俘如同数百万逃出城市的德国人一样被卷进了德国毁灭的旋涡。

18

德国的溃败

盟军把在军事上战胜德国想象得过于轻松。负责指挥英军攻进帝国的陆军元帅蒙哥马利在1944年秋天就想通过快速挺进鲁尔地区结束战争。在阿恩海姆附近跨越莱茵河失败，尤其是美军最高指挥官艾森豪威尔的谨慎战略延缓了盟军前进的步伐，并再次给了希特勒残喘之机。“法西斯野兽”还未完全丧失其危险性，德军对阿登的突然袭击就证实了这一点。

1944年和1945年之交，美军的地面部队陷入了暂时的窘境。希特勒希望通过攻击安特卫普分解盟军的兵力。盟军的飞行编队因为天气恶劣不能起飞，这给德国坦克从对手手中夺取燃料提供了机会。可是当盟军空军再次能够出击时，局面很快就翻转过来。为了防止地面部队受攻击，德国空军组织了最后一次大轰炸。像过去一样，德军集合了大量的战斗机并将其派往盟军的野外飞机场。美军569架四发动机远程轰炸机从英国出发对科布伦茨、诺伊维德和雷玛根附近的莱茵河桥梁进行了数小时的轰炸。

战争的最后几个月中，盟军在德国投放的炸弹比前5年加起来的还要多。德国的战争机器必须在炸弹雨中燃烧并永远被粉碎。盟军最重要的目的是：大力支持地面部队的进攻，不让战争演变为血流成河，不让希特勒有机会实施危险的报复。通过破坏德国的交通设施，德军几乎无法运送部队，也无法准备可以让第二次世界大战在最后一分钟出现急遽转折的毒气战。

盟军势不可挡的轰炸直指前线的德国腹地。低空飞行战斗机一刻不停地在前线附近的城市和村庄上方盘旋。这让德国国防军根本无法在白天行动。组织防御的指挥部和部队所在地总是受到攻击和破坏。靠近前线的地区警报几乎片刻不停。只要可能有效果，盟军的战斗轰炸机就出动，它们也不再区分德国士兵和平民。从军事角度而言，这也不再重要，因为纳粹的全面动员和将妇孺也拉入战争的意图使这种区分变得没有意义。

1945年初的苏联歼击机部队配合地面进攻。

盟军的战略轰炸机深入德国腹地轰炸本已满目疮痍的军工中心和工业大城市，旨在彻底消灭施佩尔和其军备专员的种种努力。即便还有地方在制造导弹、坦克和飞机，它们也无法抵达前线。国防军建立、装备新的作战单位并将其派往正逐步失守的前线的尝试也都在空战中草草收场。希特勒的最后一招，由孩子和老人组成的“国民冲锋队”，也难成气候。因为这些人没有武器，在很多地方他们被有识之士送回了家。上百万的德国男孩和女孩因此才幸运地捡回性命。

盟军通过不中断的轰炸加剧德国崩溃的混乱局面，从军事角度而言这是合理的。然而有些人持异议，认为德国已经无还手之力，继续密集轰炸德国的城市只会无谓增加平民的痛苦，这个观点看似有道理。但要想到的是，美国人和英国人将尽快结束欧洲战争只看作一个阶段性目标；日本也必须被打败。另外一个战略观点是：在德国1945年1月的阿登攻势失败后，盟军必须在莱茵河一线组织进攻，然后才能在3月中旬发起总攻攻入帝国中心。斯大林1月16日就开始在东部向帝国边界发起进攻。在东普鲁士沦陷及上西里西亚的工业区被夺走后，德国的东线其实已经拉开了口子。在从维斯河撤回奥德河时，国防军费了九牛二虎之力才迫使苏联3月中旬的进攻出现短暂的停顿。

希特勒钻进了帝国首相府地下的元首掩蔽所并逃入自己的幻想世界。这包括研制一种“可携带大量炸弹的远程快速巨型轰炸机”。他在1月底和施佩尔的谈话中还说到：“在这种轰炸机大量生产前，还是要使用现有的喷气式飞机执行轰炸任务，充分利用它们的载弹量进行远程飞行。”现有的喷气式战斗机不是用来保护德国城市的，而是用来满足“元首”的报复情绪。等到可以飞抵纽约和莫斯科等城市的大型喷气式轰炸机研制出来，至少还要10年的时间。虽然幻想不少，可德国在1945年3月基本上无所作为，只有亨克尔和梅塞施米特的实验室里的几张蓝图而已。历史开始了另一段进程：主动权此时早已落入盟军手中；他们突破了莱茵防线。在进攻德国的过程中他们在鲁尔地区成功地包围了德国西部陆军的主力军团。但是在德国最出色的防御专家、陆军元帅莫德尔的领导下，一支近百万人的防御军在废墟中建立起来。同时，艾森豪威尔必须看到德国南部存在的危险。纳粹企图在必要情况下借助精锐部队退回到“阿尔卑斯要塞”。这些战略防守区域，包括德国西北部以及丹麦、挪威和意大利北部当然不能阻止盟军取胜，但是必将大大推迟胜利的到来。狂热的“狼人”计划是当时的说法，他们将在盟军背后发动一场凶狠的游击战。因此给德国未占领区施压以剥夺防御者的活动空间就格外重要。

盟军还要关注德国的中心。首都柏林凭借其依然在运转的指挥掩体和重要的军工企业完全可能成为“决战”要塞。大部分德国人虽然厌战，但依然追随希特勒的狂热意志。“临时军事法庭”保证来自元首掩蔽所的命令被执行。德国人抓紧将各地弹药库的“紧急战斗物资”通过内河航运运往德国中部和北部。德国国防军从波罗的海东南岸的库尔兰德-凯塞尔、丹麦和挪威撤回有战斗力的部队。国防军仅剩的唯一一支强战斗力部队——党卫军第6装甲集团军，奉命从阿登赶赴德国中部并在此进行“补给”。萨克森和波希米亚的工业在电力和原料允许的情况下高速运转。德国的毁灭性武器没有具体目标地落在德国南部，对此英国人没有任何防卫，这在英国民众中造成了极度的恐慌。

艾森豪威尔倾向将盟军最后攻势的战略重点放到德国南部，但英国人坚持直接攻入柏林。这么做是有战略和政治原因的。毕竟英国人与希特勒周旋得最久，有理由争夺胜利果实。通过猛攻击败德国的负隅顽抗并从苏联人手中夺过帝国首都也是给斯大林一个重要信号，后者在战后欧洲关系的整顿上设置了重重障碍。国防军领导层内部甚至倾向开放西部前线而坚持在东线作战以抵制对德国的“布尔什维克化”。

军备部长施佩尔担心莱茵防线被突破后西部战场会出现毫无意义的

战斗。他担心狂热的士兵和纳粹军官在最后一分钟会将桥梁、供给线、发电厂和其他重要设施摧毁。施佩尔早就在考虑保证民众的生存和德国的重建。在这件事上，他能借助德国工业界的支持。施佩尔也许希望能够以停火协议斡旋人和重建专家的身份出现在盟军面前。但是希特勒不让自己大权旁落。这位独裁者在1945年3月30日发布"尼禄"命令要将德国的供应设备和工厂毫不留情地销毁，要在德国实施"烧光政策"。在希特勒看来，德国人失败了，因此没有权力继续生存；未来属于"更强大的东部民族"。施佩尔竭尽全力才让这个命令在执行中弱化。他与莫德尔谈话，达成尽快结束鲁尔区战斗的共识。其他地区的一些工厂经营者成功阻止了爆炸处理。

1945年4月，柏林上空的苏联歼击机。

英国空军1945年1月26日将战略轰炸转移到德国中部和东部，这是对苏联的维斯河冬季攻势所做的反应，英国还建议开始“雷鸣”行动，但此时盟军还未作出下一步行动的决策。盟军手握可以发动攻势的强有力的毁灭性潜力。美军有7000多架战斗机和轰炸机，英国人有1500多架能够投放10吨巨型炸弹的重型轰炸机。人们讨论了对柏林进行4天猛烈轰炸的建议。没有人相信这会让德国立刻投降，但至少能挫伤东线和柏林地区德军的士气。

官方宣称的目的是约束德军的活动并支持苏联的维斯河–奥德行动，这么做与盟军攻入法国时采取的成功行动类似。有着重要军工企业和军事设施的波森和布雷斯劳也是轰炸目标。而英国空军参谋长查尔斯·波特尔认为用重型轰炸机攻击德军意义不大，他建议继续打击德国的氢工厂。哈里斯则认为轰炸城市是阻止敌军行动的最佳途径并得到了丘吉尔

1945年2月23日的空袭后，普福尔茨海姆（Pforzheim）60%的地区被炸毁。

的支持，哈里斯在谈话中还提到了轰炸目标如德累斯顿、莱比锡和开姆尼茨。1945年1月28日英美指挥官达成了如下一致：优先考虑氢工厂，其次是鲁尔区的目标城市，还有慕尼黑、汉堡和柏林。备选攻击目标是工业集中地区如卡塞尔和纽伦堡等城市。

这场救赎性的“毁灭性打击”包括一系列的大规模轰炸。首遭轰炸的是于1月1日被戈林宣布为要塞的德国首都。两天后，937架美国“空中堡垒”——与马格德堡轰炸同时——在白天对柏林的市中心进行了猛烈的轰炸。英国轰炸机司令部因为月相不利必须再等一段时间才能开始夜间空袭。美国人主要击中了克罗伊茨贝格的居民区，这里真的掀起了一场火风暴。根据德国警察当时的记录，2893人在此次攻击中丧生。事后估计有22000名死者。其中包括臭名昭著的人民法院院长罗朗德·弗莱斯勒，他被防空洞中倒下来的横梁砸死，这有可能解救了数百名待审俘虏的生命。

战略意义重大的铁路联系在48小时内就得以重建，这让这些轰炸在今天看来不过是无意义的行为。柏林高炮部队向奥德河防线的回撤让美国空军的攻击更加轻松，不过美国人此次空袭的时间间隔比较长。联合轰炸机编队的4天轰炸计划被取消。美国空军第8航空队提高了炸弹投掷量，从2月3日的2266吨到2月26日的2795吨，直至3月18日的3091吨。其他城市在此次攻势中遭受了更为严重的破坏，破坏范围也不仅限于德国东部。

2月22日和23日的“号角大行动”旨在让德国西部的交通网瘫痪，这么做是为跨越莱茵河做准备并打击德国人的斗志。几乎每天都有9000架飞机出征。英国轰炸机司令部在3月中旬再度对鲁尔区发起了大规模的冲击。1945年3月11日，英国人在其“最喜爱”的目标地埃森城扔下了4347吨弹药，一天后投掷在多特蒙德的炸弹量甚至达到了4898吨。

对德累斯顿的轰炸没有充分的动机，从中可以看出空战最后阶段的政治含义和道德批判。易北河岸的大城市没有重要的军工业，而北部的兵营则令人吃惊地免遭攻击。中心总火车站和轨道设施及易北河上的桥梁毫无疑问是重要的军事目标。陆军元帅哈里斯原本就打算将修改了的“雷鸣”行动立刻用于德累斯顿。在他眼中，对一个完好的城市行动比处于废墟中的城市更好。然而天气条件直至2月中旬才好转，因此美国人一开始的轰炸目标是柏林、马德堡和开姆尼茨。

1945年2月13日夜里，英国人发起了两轮攻击，每隔3小时派出的796架“兰开斯特”轰炸机对德累斯顿的铁路和市中心造成了巨大破坏。次日，美军的311架“空中堡垒”再度光顾，更是将这里变成了人间地狱。

柏林的巴黎广场一片废墟。

英国人投掷了1427吨炸药和1262吨燃烧弹，美国人又扔下了781吨弹药，对这样的一个目标而言，这不是什么不可思议的数量。但是这足以制造令人恐惧的火风暴。

是什么让德累斯顿成为世纪事件？因为一个历史古城的无数艺术珍宝被彻底焚烧？类似情况在其他城市已有发生，不仅在德国。因为无数逃离了德国东部红军统治并以为在这里找到安全的人成为轰炸受害者？盟军没有理由要保护德国东线的逃亡行动，士兵和平民在这里都有踪迹。西部的盟军对此也不多作考虑。

几小时内死亡人数就达到35000，这使这场大轰炸有了非同一般的意

人们在德累斯顿的街道上焚烧死难者的尸体。

义。根据事后的估计和传言，死亡人口数字很快就攀升到10万以上。空战中受害者的数目统计很少精确可靠。聚集在德累斯顿街道上的无数难民给种种猜测提供了土壤。整个城市充斥着无望的人群，估计有95万人之多，很多是派往东线的士兵。并且至今也没有证据证明盟军的低空飞机曾向埃尔布维森的幸存者进行了射击。

洛塔·麦茨格（Lothar Metzger）（左），当他还是个9岁的男孩时，经历了1945年2月13—14日的德累斯顿轰炸。

“我母亲手里提着装了双胞胎的篮子。当时我们正走在台阶上想出地下室。突然有很多人从另一侧向我们冲来。接着是一片可怕的骚乱，受伤的人叫喊着，所有人都想冲出地下室。我们真的是被架到楼梯口的。我母亲努力想不丢掉手中的婴儿篮，但这不可能。篮子被从她手中挤下去了——我的弟妹就这样被烧死了。

“人们互相踩踏、打斗，所有人都想从这个地下室逃出去。街道在燃烧，人们在这个地区奔跑，可怕的火风暴——无法用言语描述，那是怎样的一片火海啊！我看见路口火的旋涡，也看见了人们被卷进这个旋涡。难以讲述那是怎样的风。真的是风暴！接着我看到房子第四层不见了。整个屋子烧着了。着了火的人、叫喊声、死者、濒死者、房屋倒塌、爆炸。街道里满是难民。他们来自西里西亚，长长的难民人流带着牛、车和马匹。一切都在燃烧。国防军车、士兵，所有的人都在这个地区无助地奔跑。”

这一事件的目击证人和专家多年的讨论让人们认识到大体的牺牲规模。盟军轰炸的是一个防御薄弱的城市（只有6架“兰开斯特”飞机被击落），由此造成30000多名死者——这书写了欧洲历史。对于盟军中的空战技术至上者，这是一场“漂亮仗”并证明了战略轰炸武器的高性能。损失如此惨重，也不完全是因为盟军的用兵。这个城市多年来在防空上不可原谅的疏忽无疑也起到了推波助澜的作用。

约翰·克拉克（John Clark），美军副驾驶员，参与了30多次对德国的轰炸行动。

“我们原定在2月13日轰炸德累斯顿，这很平常。我们登上飞机并准备起飞。这时，指挥塔发射了两枚火箭；行动取消了。原因我们无从得知。也许是因为英国当时的天气很糟糕。

“盟军当时的战略是：美国人白天轰炸，英国人夜里行动。这样我们就可以24小时不停地轰炸德国的目标。我们留驻在地面并返回住处。我躺下来睡觉时，听见了英国“兰开斯特”轰炸机特有的发动机声。于是我想，天气可能转晴了，英国人起飞了！我听到的是英国皇家空军前往德累斯顿的声音。

“次日，我们前去轰炸开姆尼茨。南飞途中我们经过德累斯顿。直至今日，我依然能看见那直径达5米的巨大烟柱，它从地面升至8000米的飞行高空，越来越尖，一直延伸到西北部的地平线处。我大为吃惊，但是没有联想到火风暴，对此我们还一无所知。返回英国后，我们写了一份报告。15年过去了，我再也没听说过这事。”

城里差不多有7000具尸体必须被立刻焚烧以免瘟疫传播开来，很多死者身份不明。废墟区长达20千米并占据了市中心75%的地区。尽管国防军1945年2月14日的报告仅仅提到了“对德累斯顿城区的毁灭性攻击”，纳粹统治者还是十分震惊，更何况国外的通讯社让人们相信，这只是一场毁灭的开始，目的是加快希特勒的倒台。戈林要求立刻处死10000名盟军战俘。“元首”下令加固他位于柏林的掩蔽所并命令国防军最高统帅部审查，德国是不是该放弃国际法义务并推行一场无所忌惮的战争。

然而，德方大部分军事领导人已经打算以某种方式和西方强国进行对话。将军们认为让自己和德国民众置身于疯狂的地狱没有意义。有足够充分的理由让希特勒明白这样一种战争升级的军事缺陷。但是戈林与将军们相反，决定与“元首”一起沉沦，再次拿起了他的宣传武器。

对灾难规模的了解让欧洲中立国的报纸开始质问轰炸的军事意义。国际红十字会敦促建立卫生区域并将一些城市宣布为野战医院城市，为平民提供保护。纳粹领导对为德国平民谋求保护却并不感兴趣。在柏林中心作战期间，德国国防军最高统帅部总参谋长威廉·凯特尔就给西部的最高指挥官发电传下令不准与敌人协商此可能性或根本禁止建立联系，因为这会成为德军的“示弱信号”。

国际反应迫使英国议会在1945年3月6日重新论证这场战略空战，政府代表更难为盟军的实际作为辩解。丘吉尔看到了这一情绪转变的危险并试图通过一份特殊的备忘录让自己的政府远离批评。

丘吉尔1945年3月28日给英国皇家空军指挥官查尔斯·波特尔的备忘录节选：

1945年2月14日轰炸后的德累斯顿。

“在我看来，对这场以制造恐怖为目的的德国城市轰炸问题——这是事实，即使有其他动机——反思的时刻到了。否则我们得到的将是一个完全被毁了的国家。”德累斯顿德破坏留下的是“对盟军空战方式的严肃质疑”。“我认为”，丘吉尔说道：“在未来，必须对重要的军事目标多加考虑，更多从对手的角度出发而不是考虑我们的利益。”首相认为“集中火力进攻军事上意义重大的目标……比进一步的恐怖行动和无限制的破坏更有必要，虽然后者更能给人留下深刻的印象”。

威利·雷施克（Willi Reschke），参加了帝国保卫战的飞行员，与美军重型轰炸机过有较量。

“1944年7月7日我们攻击了盟军位于普雷斯堡（Pressburg）的编队。我驾机独自飞行。这支飞行编队没有随行战斗机。我没有找到目标并打算返航，因为独自攻击一个四发动机飞行编队没有意义。但这时我看到了身后有一架“解放者”，没有其他飞机。我正在考虑是否该攻击它。我可以预计到我必须紧急着陆，因为我的飞机已经中弹。想到我最后的速度优势，我突然有了个主意：你可以毁掉敌机右侧的尾翼。我真的做到了：利用螺旋桨和左机身我将敌机的右尾翼扯了下来。但是我必须用很大的力气才能稳住飞机，因为我陷入了螺旋桨制造的旋涡。无论如何我成功地将这个尾翼扯了下来。接着我全力将飞机升到4000米高空。两架飞机相撞了。

“碰撞的声音在我的耳边回响了数周。两架飞机撞击时所发出的摩擦声和断裂声让人永生难忘。

“这就是当时的一种战斗方式：用战斗机去撞击。事后我说，谁愿意撞我不管，我是再也不想了。我后来再也没有参加过类似的军事行动。”

英国陆军元帅一致抗议将责任单方面推卸给军界，丘吉尔纠正了自己的书面表述，只留下客观权衡部分。哈里斯对此表现得漠不关心。对空战军事技术至上者而言，未遭破坏的德国城市还不抵英国特种部队的一兵一卒。

丘吉尔1945年4月1日的一封电报：

在我看来，现在是时候从我们的利益角度重新审视所谓的无区别轰炸问题。如果即将由我们掌控的国家被完全摧毁，对我们和盟军而言也会存在无法驻留的问题。我们将无法从德国得到我们需要的建筑材料，因为暂时还要保证德国人自己的供给。

我们必须注意，不能让我们的轰炸从长远看来比敌人的直接战争行为给我们造成的伤害还要大。请让我知道你们的想法。

德累斯顿不是“恐怖活动和无止境破坏”的终点，这一点英国首相在内部坦然承认。1945年3月16日维尔茨堡85%的地区在一场残酷的夜间轰炸中毁掉。5000人丧生于火风暴中。3月22日希尔德斯海姆市中心遭受了同样的轰炸，3月27日是帕德伯恩大部分地区，4月14日是波茨坦历史悠久的市中心。已是废墟一片的德累斯顿在4月27日再度遭受空袭。

这些日子里，小城市虽然对国防军的军事意义不大，但也没能远离战争。必须看到，在过去几个月中，数千家公司被从满目疮痍的大城市中转移出去。德国人在中小城市中尽其可能地组织军工业的零配件生产。甚至在野战医院和疗养院里都有上万人忙着生产手榴弹、高炮点火装置等。奥拉宁堡就是一个特别的例子。这个位于柏林东部的小城市在1945年3月15日被675架“空中堡垒”炸毁。美国人的目标是加工铀矿的奥厄工厂。德国制造原子弹的幻想在美军看来早已不可能，但美国原子弹计划的领导人莱斯利·格罗夫斯要阻止盟友苏联借助德国技术进行生产尝试。施佩尔认为4月初是改变美国轰炸政策的好时机，不应再以德国的军工经济基础为目标，而是要针对柏林地区、萨克森和图林根州的轻工业这些可能的红军战利品。开姆尼茨在3月5日被炸成一片灰烬，3700人死亡；3月5日对德绍的轰炸造成668人死亡。这个城市著名的容克斯飞机制造厂早就不复存在。

1945年4—5月，平民和士兵逃离东普鲁士的红军统治，通过波罗的海前往西部。

汉斯·戈尔斯通（Hans Gerstung），年少的他必须在普福尔茨海姆遭轰炸后帮助清理废墟。

“我们试图在轰炸两三天后进入我们的亲戚居住的城市。我们见到的是成堆的钢梁和断墙，有楼房那么高，我们根本没法通过。更糟的是高温，我们哪里也去不了。我们做了多种尝试，但都没成功。

“10天后，我们进入了市中心累欧波茨（Leopolds）广场的屋子。房子烧得只剩下框架，地板上是燃尽了的粉末和墙体残余。我们找到干缩了的尸体，其中有两具紧紧压在一起。我父母说：‘这是安娜阿姨和理查德叔叔，可以从残留的衣服上辨认出来。’他们的衣服只剩下上半身，有很多层——不可思议，今天我还记得衣服的方格纹！两具尸体都干缩了，已经没了腿，胳膊也缩成一团。他们就一起那样躺在那儿。两具几乎还在燃烧的尸体还很热，我们无法将他们带走，只能将他们留在那儿。

“四五天后我们再次回到家里，带着一个大木箱，将两具尸体放进木箱并从废墟抬走。我们走到路上叫了辆马车前往墓园。”

第二次世界大战期间，类似的燃烧弹轰炸并不仅限于德国东部。1945年2月23日普福尔茨海姆60%的地区被炸毁，再次有上千人丧生。最后遭殃的还有大城市不来梅和基尔，1945年4月22日和5月3日这两个城市多次遭轰炸，经验丰富的英军轰炸机司令部对两个城市进行了成功的“修理”。当然，这些攻击也都有着充分的军事理由，主要是为了防止德国潜艇出港。并且飞行员们在接受命令时也都有军事攻击目标，例如，波茨坦的火车站地区。但是考虑到国防军已是垂死挣扎，对盟军的进军再也构不成任何威胁并濒临完全的解散，就很难不让人将这些惯性轰炸理解为“恐怖行动和无节制的破坏”。

埃娃·塞普（Eva Sepp），她和父母一起通过波罗的海逃离柯尼斯堡。

“从皮拉乌（Pillau）起我们在‘安德罗斯’（Andross）号，一艘货船上有了一个位子。从那儿我们往丹麦方向走，穿过波罗的海。一路上我们因为水雷的危险停留了很多次，因此直到1945年3月12日我们才到达斯维讷明德（Swinemünde）。

“这天我听说厨师为船员们煮了面条。我爸爸非常爱吃这种面条，我就问厨师我父母能否跟着一起吃，他说可以。于是我把父母从船舱里叫出来。我妈妈一开始不愿意，因为爬梯子出去太麻烦了。当我们坐到桌边，第一拨燃烧弹击中了船。船头烧了起来，船身折断，装载层被水淹没。船舱里的人都想从梯子爬上来，他们互相推搡，争抢梯子。甲板上的人通过一块木板往我们已经置身的船上跳。有些人跌进了两船之间的水里被淹死了。

“接着又是一阵地动山摇。我们从斯维讷明德出发沿着街道走，密集的炸弹轰击一直伴随着我们。我们疲劳至极，在黑灵斯道夫（Heringsdorf）一家旅馆终于累倒。那里已经有数百人，他们坐在走道里和楼梯上。谢天谢地，我们得到了一间房，我父母和我。我们终于好好睡了一夜。

同时，轰炸机机组人员在进攻时也要担心自己的生命安全，虽然德国空军只能做零星的拼命抵抗。例如，德军在4月7日发起了“狼人”行动，目的是通过大规模行动至少给敌人的轰炸机带来毁灭性的失败。德国空军指挥派出了183架所谓的冲锋战斗机，这些飞机不顾敌人的防御火力冲进“空中堡垒”编队并将敌机撞毁。这种空战中最原始的防空对飞行员而言通常意味着“敢死”。一支喷气式战斗机编队负责保护这些冲锋歼击机，目的是让后者至少能接近敌人的轰炸机。在施泰因胡德湖泊上方的空战中，23架盟军轰炸机被毁——德军的损失为133架。

盟军指挥官们宣布对德国的战略空袭于1945年4月16日正式结束。这一天，红军冲进了柏林，同时德国方面已经和盟军就投降事宜进行了秘密接触。就连海因里希·希姆勒都对与西方强国“谈生意”抱有幻想。上千名南部集中营的战俘在极其恶劣的条件下被送往“阿尔卑斯要塞”，北部的被赶往沿海地带——这些人质是用来谈判的棋子。最后，9000名幸存者在卢卑克港口被赶上三艘船，他们大都是犹太人、政治俘虏和苏联战俘，其中850名犹太妇女来自斯图特霍夫集中营。盟军的空中侦察人员误以为这些船上是逃往丹麦和挪威的纳粹分子：船只在1945年5月3日遭受空袭并沉没——一出悲剧，6000多人丧生。

在战争的最后几天里，大规模的撤离工作达到了白热化的程度。德国海军数周以来就致力于将近两百万人从红军掌控的东部通过波罗的海运往西部。虽然其中有很多士兵和伤者，他们对国防军的军事意义也很小，因为大部分都是妇女和孩子。但是，这项人道主义行为只能以军事行动的形式进行并因此成为攻击目标。斯维讷明德的小港口作为海军基地成为前往基尔或丹麦最重要的中转站。在“雷鸣”行动中，美国人于1945年3月12日对这个港口扔下了1456吨炸弹，目的是减除苏联在东线的压力。其中一次地毯式轰炸击中了滞留在这个城市街道上的难民。事后有无数的流言和猜测。但是客观调查表明，此次攻击并非以难民为目标，也不是有预谋的恐怖行动。23000名死者也不是事实；死难者在3000~4000名之间。大部分人葬在了城外的无名墓地，因为下一批难民已经到来。这个地方1945年归波兰所有并更改了城市名，因此这个人间地狱才没有在近代成为公众议论的话题。

苏联在战争最后阶段发起的轰炸也基本类似，主要都是军事目标和定位为“要塞”进行防御的德国城市如布雷斯劳和柯尼斯堡。在对柏林的行动中单是轰炸机就用了2200架。在为期两周争夺帝国首都的战斗中，苏联炸弹、导弹和手榴弹的致死人数比盟军在过去5年所造成的死亡人数还要多。苏联过去几十年的历史宣传对轰炸德国平民的行为只字未提，他们推行的是戈林式的宣传，并抨击德累斯顿轰炸体现了北约空军一成不变的恐怖战略。

空战谋杀的高潮没有出现在德国，只不过是从1945年5月8日起在欧

一架美国B-25轰炸机飞过日本在太平洋的岛屿，1944年左右。

洲消失。当英国空军指挥在战争即将结束时放弃对平民的毁灭性轰炸政策时，美军在太平洋上照搬了对地面目标投掷燃烧弹的策略。上将柯蒂斯·埃默森·李梅在欧洲学会了这种方法。他在1945年1月接管美国第21轰炸机司令部后就致力于将此空战策略应用到远东战场上。为了在对日本的可能进攻中减少地面部队的损失，他的轰炸机必须在最后的空中攻势中炸死很多日本人。这些城市由于建筑方式很容易着火。1945年2月起，它们在夜里被从高空中落下来的燃烧弹袭击。与炸药相比，燃烧弹的使用量增加到70%。轰炸前，居民得到了传单警告。这从心理战的目的是消除人们对日本领导和其保卫祖国能力的信任。

单是在1945年5月9日这一天，B–29远程轰炸机对东京的攻击就炸毁了约16平方英里（≈41.44平方千米）的城区。死亡人数估计为78000名。他们没有有效的保护措施。4月7日、12日和14日，同样的轰炸再次上演。这种“雷鸣”作战方式也没能迫使日本立刻投降。日本广播在7月2日宣布，城里600万居民中20万名重要专家必须被疏散。同天，美国600架左右“超级堡垒”向其他大城市投掷了628吨燃烧弹。通过毁灭性打击迫使大城市变成空城并加大敌军防御组织难度的战略失败了。

与攻入德国不同，美国人完全有理由担心敌军用最原始的手段并不顾及平民伤亡做出疯狂的反抗。1945年4月1日，182000名美国士兵攻占了冲绳——日本本土第一岛屿。数量和物资供应都处于劣势的防御者做了最顽强的抵抗，支撑到6月21日。只有10%的士兵被俘虏。很大一部分平民也被迫参与了防御并最终自杀。约1900名“神风”飞行员为了阻击美国入侵无畏地丢了性命。

美国人在准备登陆日本主要岛屿的过程中对取胜很有信心，但是他们也预计己方会有50万名牺牲者。因此他们审视了各种计划，如用生化武器销毁日本粮食并迫使饥饿民众投降。然而此计划可能将战争无限期拉长，这个险美国政府不愿意冒。相形之下，轰炸城市更有前景。并且日本内部总是与德国不同，有政治反对党，对日本本土的猛烈轰炸可以让反对党争取结束战争的活动有充分的理由。幕后的政治较量还悬而未决，极端军事分子的政变直到最后一分钟都有可能发生。

7月17日，反希特勒联盟的国家元首齐聚波茨坦就德国战败后的命运进行磋商。对于逝世的罗斯福的接班人美国总统哈里·杜鲁门而言，太平洋战争的结束至少同样重要。因此他敦促斯大林放弃中立政策。苏联直到8月8日才向日本宣战。7月26日波茨坦会议结束时，与会者就要求东京无条件投降。为了强调这一要求，美国人继续对一些城市发动了强有力的空袭。因此，早已被烧焦的东京在7月18日又经受了2000架左右盟军轰炸机的毁灭性打击。7月24日，名古屋和大阪被轰炸，8月1日是长崎。一天后，第二次世界大战中最厉害的轰炸事件发生，800架B-29轰炸机携带5442吨燃烧弹攻击了日本的四个城市和川崎的原油中心。8月3日尼米兹上将宣布，B-29轰炸机已经在所有重要港口完成了布雷工作，对日本的封锁全部完毕。

日本官方在这种情况下已经表明愿意投降，虽然他们还想努力维护天皇的名誉。然而美国空军手中还有张秘密王牌可将日本置于死地。原子弹不能投放到德国境内是因为1945年7月16日这件超级武器的试验才成功。关于使用原子弹的理由直至今日还有激烈的争论。时间因素对美国政府而言无疑与入侵引起的牺牲同样重要。此外，美国政府在当时还必须向议会解释斥巨资研制原子弹的必要性。洛斯阿莫拉斯的试验显然无法交差。

证明这种新式炸弹对“存活对象”的毁灭能力有很多好处，不是单纯在东京湾显示一下实力那么简单。撇开有关炸弹效果的宝贵技术数据不谈，废墟纪念碑将永远提醒日本人自己的失败并让世界看到美国人的绝对实力——尤其是让在暗中追求更多权力和影响的苏联盟友认识到这一点，后者的行为对未来世界的秩序已经造成了令人无法忍受的影响。

对某些科学家和政治家的现实及道德顾虑杜鲁门总统根不多做考虑。

向还从未受过空袭的城市投放原子弹最能制造成功效果；1945年8月6日，美国人向广岛投下了第一枚原子弹。5平方英里（≈13平方千米）的城中心立刻被烧焦。数秒内40000人死亡，若干小时、日和年后更多的人死于强辐射。8月9日第二枚原子弹袭击了长崎。到当年年底这里有70000人死亡。这样的胜利在军事上取得了立竿见影的效果。东京的政治家终于战胜了军人，内阁以微弱多数决定投降。至于苏联在广岛事件两天后向日本宣战并迅速攻占满洲里，意义已经不大。1945年9月2日，日本签署了第二次世界大战投降书。代价包括迄今为止仅此两次的原子弹使用所带来的牺牲。

广岛是空战失控的信号，这场空战大大超过了技术至上者和宣传家们最大胆的设想：第一次世界大战中齐伯林飞艇和哥达轰炸机一度造成人们对新的革命化空战心存恐惧，但这还不足以约束军事家和政治家们对战略空战的研究尝试。不过毒气战在第二次世界大战中没有再上演；即使是对人类犯下了滔天罪行的阿道夫·希特勒也拒绝了这个诱惑。

战略性空战使得战争全面化在20世纪达到顶峰。建立轰炸机编队并研发适合的使用方法和手段来一举毁灭一个大城市并杀死数十万人用了近20年的时间。这是一场极端错误的军备竞赛，它不是一条畅通无阻的单行道。重要原则方向不断出现，给毁灭性轰炸的捍卫者扫清或设置障碍。历史表明，个别的错误决定可能造成不可估量的后果——1941—1942年的希特勒缺少一支轰炸机编队帮助他结束闪电战——这也显示了现代战争指挥的复杂性：当这位德国独裁者想用大规模生产导弹来替代轰炸机时，他又没有足够的战斗机保护其工厂免受轰炸。

毁灭性轰炸理论家如杜黑和实践家如哈里斯把轰炸想象得过于简单。在不能彻底消灭敌军战争机器的地方，应该用谋杀性的轰炸恐吓居民。但是谁也不能精确地预计，何等规模的死亡和毁灭能让人们起来反

1945年8月6日原子弹爆炸后的广岛。

1945年8月，广岛废墟。对这个繁荣的日本城市，原子弹释放出难以置信的破坏力。

抗政府或迫使敌人缴械投降；德国人在华沙、鹿特丹、伦敦、贝尔格莱德以及英国人在柏林、埃森、米兰和布达佩斯的试验得出的结果是矛盾的。

战争最初两年里，整个欧洲都臣服于追求世界统治权的德国独裁势力下。英美人在对德国的战斗中依靠的完全是战争手段来打击人类公敌的“要害”。一开始，盟军没有足够的能力一举击溃敌人。一些幻想被纳粹顽强的防空和组织大赋粉碎。盟军的飞行编队将“第三帝国”的战争机器卷进了一场损失巨大的长年战争。这是一场左右摆动的物资之战。直到1944年春天，德国空军才被真正击败，盟军的轰炸机才深入帝国中心，系统地破坏战争经济并摧毁德国人的斗志。盟军在取胜的路途上经历了一些失败并犯下了错误。也许胜利可以来得更早，但毋庸置疑的是：

- 没有美国和英国的轰炸机，第二次世界大战一定会再拖两三年。
- 与第一次世界大战相反，轰炸机在1939—1945年成为战争指挥的重要因素。即便它们不是战争的决定性因素，也为反希特勒联盟扫清了路障。如果没有对德国的军工厂、燃料工厂、铁路设施和其他重要的军事目标的轰炸，双方在战场上的流血事件必将大幅度提高。
- 就算不用战略轰炸机，大城市被改建为战斗要塞和防御中心后——不仅在德国——成为血腥屠杀之地。无辜的平民和士兵之间的区分在现代化和工业化战争中变得十分困难。以打击对方居民士气为己任的战略也有着更高的指导目标：取胜和结束战争。
- 第二次世界大战中的无区分空战有时太过分并引起人们对道德和不公正的讨论。一个常见观点是，至少盟军1945年春天的猛烈轰炸表现出毫无意义的恐怖迹象。在对德战争中，反希特勒联盟军队不遗余力地要一寸寸占领这个国家，包括柏林帝国首相府下面的掩蔽所。对日本大城市的强行轰炸迫使敌人最终投降。

空战给数百万的人带来无法估量的痛苦。在事情过去60年之后，只将回忆缩减到这场战争的牺牲者中的德国妇女、孩子和老人身上，将是非历史的。这意味着，无数的外籍强制劳工、战俘、集中营的俘虏和士兵被忽略，他们在密集的轰炸中同样被杀害或受伤或经受了可怕的精神创伤。那些为了自己的民族而参与战争的人，如机组人员、飞行人员、高炮士兵或“女通信助手”，同样被排除在外。他们的死亡与死在地下室和掩蔽所里的寻求庇护者也没什么两样。“家乡战线”并非毫无武装，也不是“平民化”的。空战在规模上也并不比其他战线上的战争更可怕或更致命，受打击的也不只是德国人。

根据今天的统计，第二次世界大战中死于空战的总人数是150万——整场战争中死亡人口为5000万。在英国约有6万人死于轰炸中。另有16万名盟军飞行员牺牲。德国人为积累新作战形式方面的经验付出了很高代价，但还不是最高的代价，360万处德国住宅被毁，物质和艺术价值损失无法估计。750万人被“轰炸出来”，无家可归。这些损失都是德国为争夺世界统治权推行开展全面战争的侵略政策的结果。德国在军备政策和战争指挥上的错误使盟军可以借助战略轰炸机扭转战局。德国在帝国保卫战中损失了57000架飞机，其中大部分是战斗机。

对历史进行客观的观察，就会发现罪犯—牺牲品之争是没有理由的。将英国人视作对德国城市进行无区分轰炸的始作俑者并期待其承认罪责也是没有道理的。丘吉尔战胜了希特勒，为此我们必须感谢他。德国人是不会自己主动抛除兽性并回复清醒的。对平民的夜间轰炸策略今天看来在道德和军事上都有可疑之处——但是轰炸因此就成为犯罪？当然有出格的人和事，比如说新式武器的研究专家，但他们和哈里斯一样在自己的阵营里就是富有争议的并很难为自己毫无忌惮的行为找到认可。在世界史上，即使是有责任心的政治家在激烈较量中也会作出一些我们今天看来充满恐吓的言论和决定。他们利用的是自己的知识、技术和军事手段，目的是战胜对手，而他们的对手同样拥有这些武器。

回忆德国的空战意味着对这场由纳粹战争政策引发的人类灾难进行反思。巨大牺牲是克服这场人类危险的代价。对华沙、鹿特丹、伦敦、柏林、汉堡、德累斯顿、东京、广岛和长崎的回忆，促使人们在1945年后“节制”空战战略并建立一个国际法制体系来保护平民。在后来历史上最大的军事集团之间长达40年的冷战中，这一回忆让原子弹战略家和军事家的所有理论设想最终没有付诸实践。

美国人坚持第二次世界大战中成功的空战战略并在1965—1968年将其运用到朝鲜战场上，结果被证明是个失误。单靠破坏远远落后于己的敌人的基础设施和战争经济，无法取得胜利。然而在现今和未来的矛盾冲突中，民主工业社会靠的都是通过现代化空军的“斩首”行动避免血腥的地面战争。高科技使得由激光引导的精确轰炸直指终极目标成为可能并避免或将平民伤亡减少到最低限度。这听起似乎是一个崇高的愿望，但是这证明了历史经验得以内化；对城市的无区分轰炸将一去不复返，除非它以核恐怖——一种人类可能面临的新的灾难形式——出现在世人面前。

年 表

1911—1912	意大利空军在北非对土耳其的战争中首次使用炸弹；法国空军组建。
1913	德国成立了空军指挥部门。
1914-09-25	德国飞艇轰炸了列日后，英国空袭了库克斯港。
1914-12-13	法国轰炸了弗赖堡。
1915	英国轰炸机编队指挥休·特伦查德研制出对德国腹地进行系统轰炸的计划。
1915-05-31	德国齐伯林飞艇首次轰炸了伦敦的军事目标；英国空军袭击了德国的军工厂。
1917-05-25—08-12	德国的“哥达”（Gotha）轰炸机对伦敦和英国东南部的平民进行了轰炸；英国防空的增强迫使德军在夜间行动。
1918-04	英国成立了由空军副元帅休·特伦查德指挥的独立皇家空军；空战达到高潮。
1918 秋	德国人计划使用齐伯林飞艇攻击纽约；英国人为进攻柏林做准备；11月9日的停火结束了第一次世界大战。
1919-06-28	凡尔赛和约中的和平条款意味着德国失去空军；15000架飞机被摧毁或转交给协约国。
1921	1921 意大利空军上将朱里奥·杜黑鼓吹用毒气炸弹对城市进行毁灭性打击的战略。
1922	1922 亚瑟·哈里斯，英国轰炸机司令部日后的指挥官，在镇压伊拉克武装反抗时使用了轰炸机。
1925	德国军官暗中准备在西班牙—摩洛哥使用毒气炸弹；德国国防军和红军秘密合作组建德国空军。
1933	德国航空专家支持建立决定未来战争走势的轰炸机编队。

1934	英国成立了轰炸机司令部并研制远程轰炸机；德国决定优先建造俯冲式战斗轰炸机。
1935	德国轰炸机He-111首次飞行并成为未来“闪电战”中支持陆军的标准武器；英国首次尝试将雷达用于防空；意大利空军在对埃塞俄比亚的战争中使用了毒气炸弹。
1937	“兀鹰军团”用新式战术战斗机支持西班牙内战中的佛朗哥军团。
1937-04-26	德国和意大利的飞机轰炸了格尔尼卡。
1938	战术战斗机取代战略远程轰炸机成为德国的生产之重；为了对抗敌人的远程轰炸机，必须修建地下掩蔽所和建设高炮部队。
1939-05	德国空军总指挥部决定作为报复在对英国的一次战斗中对平民实施毁灭性打击。
1939-09-03	德国袭击波兰后，法国和英国对德宣战；英国皇家空军在汉堡、不来梅和鲁尔区散发了传单。
1939秋—1940春	英国和德国互相轰炸对方的海军目标和战争港口。
1940-05-11	德国的西部攻势开始后，英国内阁批准轰炸机司令部轰炸德国的腹地；之后对德国的城市如多特蒙德、埃森、哈姆、亚琛和汉诺威实施了夜间轰炸。
1940-05-13	强大的德国空军在色当帮助坦克部队突破了法军阵地。
1940-05-14	在投降谈判过程中，德军空袭了鹿特丹的防御者。
1940-06-11	英国轰炸军工厂，意大利参战后，都灵和米兰尤其成为空袭目标。
1940-08-13	对英国制空权的争斗随“鹰日”展开：空军和海军集结到运河边上；空战升级。
1940-08-25—26	轰炸机司令部对柏林实施了一系列进攻；希特勒很快下令加强防空掩蔽所的建设。
1940-09-05—06	德国开始了对伦敦的“报复攻击”。

1940-09-15	“大不列颠战役”之日决定了伦敦上空的战役；德国战斗机大队遭受重大损失；英国防空未被突破；希特勒必须“无限期”推迟登陆计划。
1940秋—1941春	德国持续轰炸了伦敦和英国东南部，主要攻击重要的“军事经济”目标；英国轰炸机司令部用较少的兵力予以反击。
1940-11-14—15	德国夜袭考文垂的军工厂；彻底摧毁市中心；但希特勒拒绝对平民进行有计划的毁灭性攻击；德国“闪电”，即1940年秋天起德国空军的大力轰炸使得英国民众的死亡人数至1941年春天超过20000。
1941-04-06	德国对贝尔格莱德的5次猛烈轰炸为占领这个城市做了铺垫并造成1500人死亡；11天后，南斯拉夫投降。
1941-04-18	丘吉尔宣布，即使希特勒停止进攻，也要对德国城市进行轰炸。
1941-06-22	对苏联的袭击给了英国喘息之机；皇家空军对德国城市和军工目标的持续轰炸一方面减轻了处境困难的苏联人的负担，另一方面也趁机试验了新策略。
1941-07	东线无法很快定胜负；斯大林得以将重要的军事工业撤出并征召新的兵力；德国在战略性空战中缺少远程轰炸机；苏联对柏林发动了零星的空袭。
1941-12-07	日本空军突袭珍珠港，重创美军的太平洋舰队。
1941-12-11	尽管没能战胜莫斯科，希特勒还是对美国宣战；德国希望日本的海空战争能将美国人牵制在太平洋；但罗斯福坚持“德国第一”并下令组建强大的远程轰炸机队伍。
1942-02-23	亚瑟·哈里斯成为轰炸机司令部指挥官；德国的工业城市被宣布为战争区域。
1942-03-28—29	英国皇家空军尝试在卢卑克用燃烧弹制造“区域轰炸”，造成市中心的毁坏；希特勒下令在伦敦以外的地方发动报复攻击。

1942–05–30—31	英国的首次千机轰炸在科隆造成严重后果；之后的几个月中，英军继续尝试这种夜间地面轰炸，德国居民的士气受挫；美军在英国境内组建第8航空大队，借助“飞行堡垒”主要对军工目标发动精确攻击；德国计划用洲际导弹攻击美国的东海岸。
1942–08–23	猛烈轰炸斯大林格勒，为攻占伏尔加河边上的军工中心做准备；造成的废墟对防御者有利；德军缺少战斗机来占领或摧毁希特勒的原定目标巴库。
1942秋	V2导弹在佩内明德试验成功；这种战略武器应投入大规模生产；11月，德国国防军第6军在斯大林格勒陷入包围；空中桥梁失败；盟军借助空中优势在北非开始了反攻。
1943–01–14—25	丘吉尔和罗斯福在卡萨布兰卡会议上决定改变战略；攻入德国的计划推迟一年；“对德国的军事潜力发起轰炸攻势”被认为是当务之急；日的是迫使轴心国德国、意大利和日本无条件投降。
1943–03–05	“鲁尔战役”开始，对德国的军工业发动了一系列的猛烈轰炸；15000多人丧生，包括许多战俘和外来劳动者。
1943–05–16—17	摧毁鲁尔峡谷的堤坝；空战使得德国民众情绪低落；纳粹组织向轰炸受害者提供具体的救助措施；部分军工企业被从大城市中迁出。
1943夏	全力发展军备，提高飞机产量；优先生产战斗机和歼击机，但对帝国的轰炸越来越多，致使这只是杯水车薪。
1943–07–25	鲁尔战役后，哈里斯开始了汉堡战役（“蛾摩拉”行动）；35000多人死亡；英国人点燃了一个又一个火风暴，盟军在进攻和防御技术竞赛中占了上风。
1943–08–17	美国人在攻击施魏因富特的滚珠轴承厂和累根斯堡的飞机制造厂时遭受严重损失；英国人同期摧毁了德国在佩内明德的导弹基地。

1943-09-08	在盟军空袭和成功登陆意大利南部的影响下，意大利改变了立场；这使得从南方对德国实施轰炸也成为可能；美国人提高了飞机航程；轰炸机编队能一直飞到柏林和德国中部；在英国议会内部，对城市的无区分轰炸受到批判；哈里斯坚持借助毁灭性战略决定战局并为攻入德国造势。
1943-11-23	“柏林战役”，人类史上最大的空战开始；为时5个月的大轰炸使得德国军工中心瘫痪；10000多人死亡；首都的防御工作和盟军的巨大损失影响了胜利。
1944-01-22	对伦敦的报复攻势开始；德军只有少量的远程轰炸机He-177可供使用；3月，苏联腹地遭受了一系列的炸弹攻击；德国空军既不能阻止英国进攻的步伐也不能阻止斯大林对东线中心发起夏日总攻势的准备工作。
1944春	美国人致力于借助轰炸削弱德国空军；哈里斯被迫为计划中的攻入法国提供轰炸机。
1944-06-06	盟军借助明显的空中优势成功登陆诺曼底；德军东线失守后，战争在之后的几个月中移向帝国边界；盟军的轰炸机为地面部队开道并摧毁了德国的军工业。
1944-06-12	德国的飞行炸弹（V1）开始对伦敦进行无目标轰炸，共有32000枚左右这样的炸弹被制造出来；大部分有技术故障或被盟军防空拦截。
1944-09-08—1945-03	首次用洲际导弹（V2）袭击伦敦和盟军的补给港口安特卫普；至1945年3月底，1115枚V2导弹落在英国境内并造成2724名平民死亡；在法国北部的发射炮台遭轰炸后，希特勒的远程武器攻势丧失了威胁力。
1944-09-14	准备“雷鸣”行动，目的是借助对德国城市的猛烈轰炸迫使纳粹政府投降；首要目标是摧毁德国的交通道路和铁路中心。

1944–12	希特勒在阿登的突然反攻推迟了盟军深入帝国的步伐。
1945–01–16	红军的冬季攻势导致德国东部的全面崩溃；斯大林攻击柏林；盟军在德国中部和东部轰炸军工企业。
1945–02–03	美国人轰炸柏林，开始了“雷鸣”行动；哈里斯计划摧毁未受破坏的德累斯顿。
1945–02–13—14	英国人和美国人多次对没有防备的德累斯顿进行轰炸；约有35000人死亡。
1945–02–22	“号角”行动使得德国西部整个交通网瘫痪并为迅速攻入帝国创造了条件。
1945–03	继续轰炸德国的城市在英国广受批评；盟军跨越莱茵河并包围鲁尔区；低空战斗机和轰炸机在德国腹地造成了国防军的进一步瘫痪，整个德国成为战场。
1945–04–16	盟军总指挥宣布对德国的战略空中攻势结束，目的是不伤害自己的地面部队；斯大林下令红军攻入柏林；在远东，美国人基本上结束了太平洋战争；他们担心攻入日本本土时损失大并对东京发动了猛烈的燃烧弹进攻；仅在3月9日就有78000人死亡。
1945–05–08	德国国防军投降，欧洲战争结束。
1945–07–16	原子弹试验成功让美国人有机会迅速结束太平洋战争；同时他们还为巨额的研制费用找到理由并发出“美国统治下的和平”信号。
1945–08–06	在原子弹投放后的几秒钟后，广岛就有40000人死亡；日本统治阶层中的投降派最终胜出。
1945–09–02	日本签署投降条约，第二次世界大战结束；轰炸机对盟军的取胜意义重大；然而，对平民的大轰炸战略被认为在军事和道德上都是失败的；在后来40年的冷战中，原子弹的使用因此成为不可能；但军事力量的对等没能阻止常规战争，在这些战争中，轰炸机可以精确地攻击军事目标。

重大行动时间表

表1　1943年德国对英国的主要夜间轰炸

时间	目标	动用的飞机	载弹量 / 吨	损失
01–17	伦敦	118	115	6
02–16	斯旺西	37	27	4
03–03	伦敦	117	108	6
03–07	南安普敦	37	33	3
03–11	纽卡斯尔	51	30	5
03–18	诺里奇	41	36	1
03–28	诺里奇	45	17	2
04–14	切尔姆斯福德	91	77	6
04–16	伦敦	30	13.5	6
04–21	阿伯丁	29	58.5	0
05–04	诺里奇	79	103	5
05–13	切尔姆斯福德	85	113	4
05–15	森德兰	77	93	2
05–17	加的夫	89	92	6
05–23	森德兰	73	93	3
05–12	普利茅斯	86	75	5
06–13	格里姆斯比	72	61	2
06–23	赫尔	33	31	0
07–12	格里姆斯比	50	57	1
07–13	赫尔	61	71	4

表1（续）

时间	目标	动用的飞机	载弹量 / 吨	损失
07-25	赫尔	51	70	4
08-11	普利茅斯	71	64	1
08-15	普茨茅斯	91	77	5
08-17	林肯	88	28	11
10-07	伦敦	75	33	5
	诺里奇	75	49	5
10-20	赫尔	89	61.5	1
	伦敦	89	24	1
10-23	雅茅斯	39	47	3
11-03	伊普斯维奇	40	55	4
11-15	普利茅斯	46	44	2
12-10	切尔姆斯福德	56	20	4

表2　1944年1月至5月德国对英国最重要的夜间轰炸

时间	目标	动用的飞机数量 / 架	损失 / 月	载弹量 / 击中目标的吨数
01-21	伦敦	447		32
01-29	伦敦	285	57（7.8%）	36.5
02-03	伦敦	240		26
02-13	伦敦	230		4
02-18	伦敦	200		139
02-20	伦敦	200		118

表2（续）

时间	目标	动用的飞机数量 / 架	损失 / 月	载弹量 / 击中目标的吨数
02–22	伦敦	185		75
02–23	伦敦	161		49
02–24	伦敦	170	72（5.2%）	89
03–01	伦敦	165		56
03–14	伦敦	187		81
03–19	赫尔	131		–
03–21	伦敦	144		87
03–24	伦敦	143		52
03–27	布里斯托尔	75	75（8.3%）	–
04–18	伦敦	125		53
04–20	赫尔	130		—
04–23	布里斯托尔	117		—
04–25	普茨茅斯的船只目标	193		
04–26	普茨茅斯的船只目标	78		
04–27	普茨茅斯的船只目标	60		
04–28	普茨茅斯的船只目标	58		
04–29	普利茅斯	101	75（8.7%）	8
05–14	布里斯托	91		3
05–15	普茨茅斯	106		1.4
05–22	普茨茅斯	104		1.5
05–27	威茅斯	28		13
05–28	托基		约50（10%）	5
05–29	法尔茅斯、普茨茅斯			6

表3 德国1944—1945年对英国的轰炸攻势

	主要攻势		第二阶段	第三阶段	共计
时间	1944-06-12—07-15	1944-07-16—09-05	1944-09-16—1945-01-14	1945-03-03—03-29	
导弹攻击	4271	4346	—	275	8892
飞机攻击	90	310	1200	—	1600
共计	4361	4656	1200	275	10492

表4 1943年春天英国轰炸机司令部对法国境内潜水艇基地的进攻

时间	目标	动用的飞机	进攻飞机	载弹量/吨	损失
01-14—15	罗连安特	123	103	231	2
01-15—16	罗连安特	147	133	291	2
01-23—24	罗连安特	118	111	293	3
01-26—37	罗连安特	156	137	203	5
01-29—30	罗连安特	116	80	155	7
02-04—05	罗连安特	128	120	205	1
02-08—07	罗连安特	323	294	760	7
02-13—14	罗连安特	466	422	1103	8
02-16—17	罗连安特	377	360	987	2
02-28—03-01	圣纳塞尔港	437	409	1120	5
03-22—23	圣纳塞尔港	357	279	906	1
03-28—29	圣纳塞尔港	323	235	667	2
04-02—03	圣纳塞尔港/罗连安特	55	49	166	1

表5　英国轰炸机司令部1942—1943年秋冬季对意大利北部的空中攻势

时间	目标	动用的飞机	进攻飞机	载弹量/吨	损失
1942-10-22—23	热那亚	112	110	179.8	1
1942-10-23—24	热那亚	122	92	156.1	6
1942-10-24	米兰	88	77	137.5	4
1942-10-24—25	米兰	71	43	63.9	7
1942-11-06—07	热那亚	72	67	116.7	4
1942-11-07—08	热那亚	175	147	251.3	10
1942-11-13—14	热那亚	76	70	127.7	—
1942-11-15—16	热那亚	78	68	117.5	3
1942-11-18—19	都灵	77	71	126.6	1
1942-11-20—21	都灵	154	200		
1942-11-20—21	都灵（FIAT）	78		349.5	6
1942-11-28—29	都灵	228	195	379.9	3
1942-11-29—30	都灵（FIAT）	36	20	34.0	3
1942-12-08—09	都灵	133	119	269.5	2
1942-12-09—10	都灵	277	200	401.5	5
1942-12-11—12	都灵	82	31	59.3	6
1943-02-04—05	都灵	188	157	285.0	2
1943-02-04—05	拉斯佩齐亚	4	4	16.0	—
1943-02-14—15	米兰	142	122	247.0	3
1943-02-14—15	拉斯佩齐亚	4	4	16.0	—

表6 英国轰炸机司令部在1943年“鲁尔战役”中的大规模进攻

时间	目标	动用的飞机	进攻飞机	载弹量/吨	损失	死亡人口
03-01—02	柏林	302	257	665	17	709
03-03—04	汉堡	417	344	913	10	27
03-05—06	埃森	442	367	1015	14	457
03-08—09	纽伦堡	335	294	781	7	343
03-09—10	慕尼黑	264	217	567	8	208
03-11—12	斯图加特	314	267	801	11	112
03-12—13	埃森	457	384	1110	23	648
03-26—27	杜伊斯堡	455	387	945	6	11
03-27—28	柏林	396	338	820	9	94
03-29—30	波鸿	157	97	152	12	28
03-29—30	柏林	329	234	606	21	204
04-03—04	埃森	348	295	983	21	143
04-04—05	基尔	577	507	1300	12	26
04-08—09	杜伊斯堡	392	304	846	19	36
04-09—10	杜伊斯堡	109	99	321	8	27
04-10—11	法兰克福	502	436	1037	18	18
04-14—15	斯图加特	462	365	801	23	619
04-16—17	曼海姆	225	201	335	16	132
04-20—21	什切青	304	256	782	22	586
04-26—27	杜伊斯堡	557	499	1428	17	207
04-30—05-01	埃森	305	239	840	12	53
05-04—05	多特蒙德	596	496	1436	31	693
03-12—13	杜伊斯堡	572	483	1599	35	272

表6（续）

时间	目标	动用的飞机	进攻飞机	载弹量/吨	损失	死亡人口
05-13—14	波鸿	442	378	1055	24	429
05-23—24	多特蒙德	826	724	2042	38	654
05-25—26	杜塞尔多夫	759	686	1959	27	31
05-27—28	埃森	518	472	1442	22	196
05-29—30	乌珀塔尔	719	611	1822	33	3000
06-11—12	杜塞尔多夫	783	693	1968	38	1212
06-11—12	明斯特	72	60	102	—	52
06-12—13	波鸿	503	454	1507	24	540
06-14—15	奥伯豪森	203	146	573	17	976
06-16—17	科隆	212	179	656	15	147
06-20—21	腓德烈斯哈芬	60	59	175	—	44
06-21—22	克雷费尔德	705	661	1966	42	1956
06-22—23	奥伯豪森	557	499	1643	35	578
06-24—25	乌珀塔尔	630	554	1663	34	1800
06-25—26	波鸿	473	424	1291	30	157
06-28—29	科隆	608	540	1614	25	3802
07-03—04	科隆	653	589	1808	30	588
07-08—09	科隆	288	255	1037	7	502
07-09—10	格尔森基尔欣	422	373	1304	10	41
07-13—14	亚琛	374	327	779	20	294
07-25—26	埃森	705	599	1948	24	541
07-30—31	雷姆沙伊德	273	228	704	15	1164

表7 英国在1942—1945年对埃森的大规模进攻

时间	动用的飞机	进攻飞机	载弹量 / 吨	损失
1942-03-08—09	211	177	294.8	9
1942-03-09—10	187	136	221.8	6
1942-03-10—11	126	85	137.2	7
1942-03-25—26	254	190	298.9	11
1942-03-26—27	115	98	140.6	11
1942-04-06—07	157	50	74.2	5
1942-04-10—11	254	172	222.3	14
1942-04-12—13	251	173	279.5	14
1942-04-01—02	956	797	1335.8	36
1942-06-02—03	195	159	324.7	13
1942-06-05—06	180	129	258.6	16
1942-06-06—07	233	206	411.0	20
1942-06-08—09	170	132	264.2	18
1942-06-16—17	106	24	59.0	9
1942-09-16—17	368	271	534.1	42
1943-01-03—04	22	17	50.7	3
1943-01-04—05	33	23	64.1	2
1943-01-07—08	22	17	47.3	—
1943-01-09—10	52	36	121.7	3
1943-01-11—12	76	54	176.8	1
1943-01-13—14	69	53	177.2	6
1943-01-21—22	82	56	195.6	4

表7（续）

时间	动用的飞机	进攻飞机	载弹量 / 吨	损失
1943-03-05—06	442	367	1014.8	14
1943-03-12—13	457	384	1110.0	23
1943-04-03—04	348	295	983.0	21
1943-04-30—05-01	305	239	840.0	12
1943-05-27—28	518	472	1442.0	22
1943-07-25—26	705	599	1948.0	24
1944-03-26—27	705	677	2159	9
1944-04-26—27	493	471	1878	5
1944-10-23—24	1055	955	4538	8
1944-10-25	771	740	3684	4
1944-11-28—29	316	308	1999	—
1944-12-12—13	550	529	2377	6
1945-02-23	342	329	1313	1
1945-03-11	1079	1053	4737	3

表8 英国轰炸机司令部1943—1944年冬季对柏林的大规模进攻

时间	动用的飞机	进攻飞机	载弹量/吨		损失	死亡人口	伤者
			炸药	燃烧弹			
1943-11-18	444	402	789.1	795.1	9	143	409
1943-11-22	764	670	1132.6	1331.8	26	未知	未知
1943-11-23	382	322	710.1	624.1	20	未知	未知
1943-11-26	450	407	858.5	717.0	28	3758	9907
1943-12-02	458	401	881.8	803.8	40	99	151
1943-12-16	492	450	947.4	867.6	25	628	968
1943-12-24	379	338	709.9	578.0	15	211	326
1943-12-29	712	656	1099.1	1215.4	18	260	589
1944-01-02	421	386	771.0	628.6	28	55	175
1944-01-03	383	311	658.4	457.9	27	143	204
1944-01-20	769	679	1164.0	1236.6	38	306	568
1944-01-27	530	481	1067.0	693.5	32	413	426
1944-01-29	680	596	1085.6	868.4	43	531	860
1944-01-30	540	489	1068.5	891.9	33	582	908
1944-02-15	891	806	1203.0	1412.6	42	169	512
1944-03-24	810	726	1322.3	1170.0	72	47	155

表9　美国空军第八航空大队1943年1月17日至6月22日间的白天轰炸

时间	目标	动用的飞机	进攻飞机	载弹量 / 吨	损失
01–17	威廉港	91	55	137.0	3
02–04	埃姆登	65	39	29.5	—
02–26	威廉港	93	65	165.6	7
03–04	哈姆	20	16	14.5	4
03–18	威格萨克	103	97	268.0	2
03–22	威廉港	102	84	224.0	3
04–17	不来梅	115	107	265.5	16
05–14	基尔	136	126	297.0	8
05–15	赫尔果兰岛/万根沃格岛	113	76	186.0	5
05–15	埃姆登	80	59	137.0	1
05–19	基尔	123	103	236.9	6
05–19	弗伦斯堡	64	55	134.0	—
05–21	威廉港	98	77	193.0	7
05–21	埃姆登	63	46	110.0	5
06–11	威廉港/库克斯港	225	218	462.5	8
06–13	不来梅	151	122	304.6	4
06–13	基尔	76	60	119.5	22
06–22	许尔斯	235	183	422	16

表10 美国空军第八航空大队1943年7月25—30日的“闪电周”

时间	目标	动用的飞机	进攻飞机	载弹量 / 吨	损失
07–25	汉堡	123	90	195.9	15
07–25	基尔	141	118	222.2	4
07–26	汉诺威	121	96	133.8	16
07–26	汉堡	121	54	130.3	2
07–28	卡塞尔	182	58	109.0	7
07–28	奥舍尔斯累本	120	37	37.9	15
07–29	基尔	168	139	315.1	6
07–29	瓦内尔明德	81	54	129.0	4
07–30	卡塞尔–拜特豪森	119	94	217.2	6
07–30	卡塞尔–瓦尔道	67	40	90.2	6

表11 美国空军第八航空大队1943年10月8—14日的行动

时间	目标	动用的飞机	进攻飞机	载弹量 / 吨	损失
10–08	不来梅	399	357	544.7	30
10–09	安克拉姆	115	106	185.5	18
10–09	马林堡	100	96	217.9	2
10–09	但泽/格丁恩	163	150	358.2	8
10–10	明斯特	313	236	700.6	30
10–14	施魏因富特	320	229	482.8	60

表12 英美1943—1945年对卡塞尔的轰炸

	时间	动用的飞机	进攻飞机	载弹量 / 吨	损失
轰炸机司令部的夜间轰炸	1942–08–28	306	256	563.0	33
美国第8航空队的白天轰炸	1943–07–28	182	58	109.0	7
美国第8航空队的白天轰炸	1943–07–30	186	134	307.5	12
轰炸机司令部的夜间轰炸	1943–10–03	540	501	1554.0	24
轰炸机司令部的夜间轰炸	1943–10–22	528	444	1824.0	42
美国第8航空队的白天轰炸	1944–04–19	277	266	614.6	5
美国第8航空队的白天轰炸	1944–09–08	—	166	380.8	1
美国第8航空队的白天轰炸	1944–09–22	661	618	1671.1	3
美国第8航空队的白天轰炸	1944–09–27	315	248	707.5	26
美国第8航空队的白天轰炸	1944–09–28	262	243	700.8	1
美国第8航空队的白天轰炸	1944–10–02	763	656	1561.8	2
美国第8航空队的白天轰炸	1944–10–07	270	210	468.5	—
美国第8航空队的白天轰炸	1944–10–18	337	300	819.6	2

表12（续）

	时间	动用的飞机	进攻飞机	载弹量 / 吨	损失
美国第8航空队的白天轰炸	1944–12–04	239	217	613.8	—
美国第8航空队的白天轰炸	1944–12–15	334	318	933.0	—
美国第8航空队的白天轰炸	1944–12–30		339	916.4	3
美国第8航空队的白天轰炸	1945–01–01		292	687.8	—
美国第8航空队的白天轰炸	1945–01–29		247	329.5	—
美国第8航空队的白天轰炸	1945–02–28		364	922.0	—
美国第8航空队的白天轰炸	1945–03–09		318	675.0	3

表13　美国第8航空队1944年5月12日、28日和29日对德国燃料厂的轰炸

时间	目标	动用的飞机	进攻飞机	载弹量 / 吨	损失
05–12	洛伊纳	326	224	430.4	1
	吕茨肯多夫		87	168.5	1
	其他目标		3	5.5	
	茨维考	295	74	158.0	
	莫斯特（布吕克斯）		140	309.0	
	开姆尼茨		11	26.2	
	格腊		14	25.2	41
	霍夫		15	28.5	
	其他目标		4	4.6	
	蔡茨	265	116	256.4	2
	伯伦		99	220.0	1
	梅泽堡		14	29.0	
	其他目标		13	26.4	
总计		**886**	**814**	**1687.7**	**46**
05–28	鲁兰德	610	38	69.5	
	伯伦		14	35.0	
	德绍		32	73.5	
	茨维考		15	25.7	17
	莱比锡		28	69.5	
	迈森		16	32.4	
	其他目标		99	205.3	
	柯尼斯波恩/马格德堡	255	105	240.5	
	罗滕泽/马格德堡		55	114.3	9

表13（续）

时间	目标	动用的飞机	进攻飞机	载弹量 / 吨	损失
	德绍		17	31.8	
	格腊		6	11.4	
	吕茨肯多夫	106	66	155.4	3
	其他目标		16	35.1	
	洛伊纳	311	63	145.7	3
	蔡茨		187	447.3	
	其他目标		37	94.4	
	科隆	59	58	109.0	—
总计		1341	864	1829.8	32
05–29	珀利茨	443	224	546.5	
	图塔瓦		167	436.5	17
	其他目标		25	60.0	
	莱比锡（莫考）/（能见度高）	251	199	463.1	9
	其他目标		4	9.6	
	克雷策辛基	299	91	202.3	
	波兹南		58	131.5	
	索劳		52	129.7	8
	科特布斯		48	111.4	
	施奈德米尔		19	39.5	
	其他目标		2	4.4	
总计		993	888	2054.5	34

注：以上表格中的数据和说明援引自《德意志帝国和第二次世界大战》第7卷；本书所用图片来自出版社档案图片和文献目录中所列书籍。